「もう１つの価値」
に出会う

50のエピソードで綴る
50のヒント

やどかりの里 50 周年記念出版編集委員会　編

やどかり出版

【表紙画】 ワシリー・カンディンスキー 「空の青」(1940)

Wassily Kandinsky（1866〜1944）
モスクワ生まれ　20世紀抽象絵画の先駆者の1人.

　1922年からドイツのバウハウス（技術と芸術の統合を理想とした美術学校）で教授を務めるが，ナチスの弾圧によりパリへと移住し，現象世界から解放された精神の自由，それが人間的な視野をこえてより大きな宇宙の秩序と響きあうような芸術世界を創造していった。自然科学にも強い興味をもち，豊富な想像力から湧き出る形象は重なり合い，せめぎ合いながら，色彩と融合して，音楽的に響きあう．それらは緊張感と自由さを同時に備え，確かな存在感をもって自立する世界である．

　「空の青」には，亀やミジンコ，玩具を思わせる色とりどりの奇妙な形態が，水中をうごめく微生物のごとく，自由気ままに戯れているかのような姿が浮かび上がっている.

参考「現代世界美術全集21」（集英社，1973）など

表紙デザイン … 石井知之
本文組版・レイアウト … 川上麻衣子

はじめに

　精神障害のある人，その家族，そして，彼らと出会った人々が関わりながら，織りなしてきた活動があります．決して順風満帆ではありませんでしたが，50 年という年月が経ちました．

　さまざまな体験をもつ人たちがやどかりの里で出会い，それぞれの人生が交差しました．そして，マイナスがいつしかプラスに転じたり，自分の存在を消してしまいたいと思った人が「生きていてよかった」と語ったり，いろいろな化学反応を起こしたのです．

　本書は，やどかりの里創立 50 周年という節目にあたって，生きづらさを抱えている人にもう 1 つの価値や生き方があることを伝えたいと企画されました．自分たちの体験や体験からの気づきは，日本国憲法や障害者権利条約の本質とも重なり，閉塞感漂う社会への問題提起になればとも思ったのです．

　2019 年 4 月，やどかりの里 50 周年記念出版編集委員会の準備会がスタートしました．私たちはまずやどかりの里の活動の基礎を築いてきた先達 4 人の著書の学習に取り組みました[1, 2, 3, 4, 5]．そして，やどかりの里メンバー，家族に編集委員会に参加を求めること，やどかりの里の歴史をたどるのではなく，私たちが見出してきた価値を普遍的に広く社会に届けようという方針を確認しました．

　2019 年 10 月，メンバー，家族，職員の有志が集まり，やどかりの里 50 周年記念出版第 1 回編集委員会が開催されました．準備会での経緯を共有し，やどかりの里が大切にしてきたことを簡潔なキーワードで示し，エピソードとヒントで構成した見開き 2 頁で伝えていくという方向性が定まりました．編集委員会では 200 以上提案されたキーワーズを 50 に絞り込み，やどかりの里の基盤をなす

3

4つの要素,「生きる」「つながる」「変える」「創る」を4本の柱とし,それらを支える「理念と哲学」を加え,5部構成としました. 本書のタイトル『「もう1つの価値」に出会う 50のエピソードで綴る50のヒント』にその思いが込められています.

やどかりの里の出発点は,精神科病院が暮らしの場となってしまった人たちが,地域で暮らす権利を取り戻すことでした. 長年月,鍵のかかった病棟の中で暮らさざるを得なかった人たち,精神疾患という病気を世間に知られまいと歯を食いしばり生きてきた人,どこか生きづらさを抱え,もっと違う生き方がないかと模索してきた人,大事な家族が病気を得たことで自らを責め,自身の人生より家族のことを最優先に生きてきた人たち……. しかし,思いがけない出会いや安心できる場を得て,本来の自分を取り戻していきます. 第1部「生きる」にはその姿が豊富に描かれています.

第2部「つながる」では,居場所を得ることをきっかけに,生きることをあきらめていた人たちが自分らしさを取り戻し,同じ経験をもつ仲間や信頼できる人との出会いが未来を切り拓く原動力になっていくことを伝えています.

自己責任を強いる政策,家族に重い負担を課す脆弱な社会保障制度が,困難があっても真っ当に生きようとする人たちを辺縁におしやり,生きづらさを抱える人たちを生み出しています. 生きづらさは,個人の問題ではなく,社会の構造や仕組みによるものです. 第3部「変える」は,社会を変える主人公は私たち自身だという主張でもあります.

人々のニーズは多様で,常に変化します. 変化するニーズに対応するためには,不足するものは創り出していくと考えてきました. 一方で,自己完結型に傾きやすい活動を見直し,私たちの視野は地

4

域に広がっていきました. 他の障害関係者との連携, 他の領域の人たちとの学び合いや活動づくりを意識するようになりました. 誰と何を創るのか, どんなプロセスが大事なのか, 公的責任をどう担保していくのか, 私たちの試行錯誤の取り組みを綴ったのが, 第4部「創る」です.

私たちは, 実践・研修・研究を三位一体ととらえ, 実践を重ねてきました.「記録のない実践は実践にはあらず」「目の前のメンバーこそがお師匠さん」という先輩たちの姿勢を引き継ぎ, 活動の節目での調査活動, 新たな活動づくりに向けた研究, 研究的要素を内包した人材養成のセミナーの開催……, 終わりのない取り組みです. 第5部「理念と哲学」は, 実践・研修・研究に取り組みつつ, 見出してきたやどかりの里の活動の基本になる考え方を示しました.

人生のどん底を経験し, それでも私たちには生きる力があると伝えてくれた人たち, 50年という月日の中でともに歩んだ人たちが, 過去を土台に今を生き, 未来を展望した1冊です. 生きづらさが広がる今だからこそ, 本書が多くの人たちに届き, これからを切り拓く一助になればと心より願っています.

2021年11月1日

やどかりの里50周年記念出版編集委員会を代表して

公益社団法人やどかりの里理事長　増田一世

文　献

1）早川進　谷中輝雄編：流れゆく苦悩, やどかり出版, 1984
2）坪上宏　谷中輝雄編著：あたりまえの生活　PSW の哲学的基礎　早川進の世界, やどかり出版, 1995
3）谷中輝雄編　岩本正次著：意識生活学の提唱　岩本正次の世界, やどかり出版, 2003
4）坪上宏他編　坪上宏著：援助関係論を目指して　坪上宏の世界, やどかり出版, 1998
5）谷中輝雄著　谷中輝雄さんを偲ぶ会編：あたりまえの生活の実現をめざして, 2013

5

目　次

第3部

変える

第 1 部

生きる

あきらめからの出発

　「僕は統合失調症だけど，あなたも統合失調症なの？」と聞いてきた人がいました．私はその問いにあいまいに言葉を濁してしまいました．その時は，病気になって失ったものが多すぎて，なぜ自分のことを病気だと言えるのかが理解できませんでした．

　この人は，自分の体験を語る仕事をしていて，たくさんの人の前で堂々と自分の病気の体験を話していました．その姿はとても輝いていて，病気になったことがむしろ誇らしくさえ見えました．のちにこの人にも，病気になっていろいろなことをあきらめ，自分の病気のことを「マイベストフレンド」と言えるまでには長い道のりがあったことを知りました．なんだ，自分と変わらないではないか……いつの間にかその人が私の目標となり，病気があっても生き生きと暮らしていきたいと思うようになっていったのです．

　精神科病院の閉鎖病棟へと続く暗い廊下を歩いていくと，堅固なドアが開き，閉鎖病棟に足を踏み入れた途端に背後で「ガチャ」とドアの鍵を閉める音，この瞬間に「ああ俺の人生終わったな」と実感します．

　精神疾患を発症し，すべてを失い，無気力になり，何もかもどうでもいいような，投げやりな心境になって，未来のことがまったく見えず，これからの先の人生をあきらめてしまう．そこから抜け出そうと試みても，何をやってもうまくいかず，自分はなんてだめな

人間なんだ，と自分を責める日々でした.

　なんでこうなってしまったのか，なんでなんで……これまでの俺の人生はなんだったのかと，なかなかあきらめきれません.

　過去にとらわれ，ぐちゃぐちゃになった糸を全部解きほぐすことはなかなかできませんが，信頼できる人々と出会うことで，何本かの糸をほぐすことはできたのです.

　今まで自分は精神病ではない，そんな人たちと一緒にしないでほしいと頑（かたく）なに思っていましたが，同じ病の人と行動をともにすることで，なんだ，自分と変わらないじゃないか，と心を開き，飾らない自分をさらけ出すことができて，仲間として受け入れることができるようになりました.

　そして，同じ病のある仲間だけでなく，信頼できる専門職（ソーシャルワーカー）がいたことで，道が開けたこともあります．あれこれと自分の考えを押し付けるのではなく，遠くからそっと見守り，納得いくまでやらせてくれて，目標が見えずに迷っていたら，最後に自分とは関係ないと思っていた福祉の世界を教えてくれた，そんな人でした.

　障害福祉の世界に飛び込み，目標となる人がいたり，病気になったからこそできたやりがいのある仕事に巡り合うことができました．企業で働いて家庭をもつことが一人前といった社会常識から，こんな生き方もあるのだと価値の転換をすることができ，過去に流れていた時間が未来に向かって流れ出したのです.

　過去のことをぬぐい去ることはできませんが，「いま，ここ」を大切にしているうちに，過去のことは自分の中で小さくなって，今の生き方がメインになっていきました.

　病のあるなしにかかわらず，それぞれいろいろな思いを抱えて生きているけれども，過去に戻るのではなく，あきらめから出発する生き方もあるということを実感しました.

（渡邉昌浩）

 **"ありのまま"でいい**

　重い扉のガチャンと乾いた音が暗い廊下に響きました．白衣を着た僕は，施錠された扉を開けて男性が横たわるベッドをゆっくり押しながら，扉の内側に入りました．ここは，精神科病棟の隔離（保護）室が並ぶ閉鎖病棟の中です．

　深夜に警察に保護されて来院した男性は，外来の診察室で意味不明の呪文のような言葉を一心不乱に唱えていました．医師は，彼を統合失調症の急性期症状と診断し，72時間の緊急措置入院を告げました．繰り返し入院を説得する医師に向かって「俺はさ，生命を狙われているんだよ！　こんなところじゃ殺されてしまう！」と叫び，暴れ始めたのです．そのため，仕方なく看護スタッフ数人で抑え込み，医師が鎮静剤を注射し，病棟に移送したところでした．

　これまで，ときどき外来で彼に「最近，調子どうですか？」と声をかけると「ハイ！　元気にやっています．でも，精神科の薬をいつまで服用し続けるのか悩みますけど……」と返してくれていました．しかし，最近外来で見かけないと気になっていました．そんな矢先，服薬をサボって今回も強制入院……再入院を繰り返す彼のような患者をみていると病院の限界に直面させられ，自分の中に封印していた虚しさを伴ういつもの「憂鬱で苦い感情」が，僕の胸の内にジワリと込み上げていました．

ヒント

　障害者権利条約17条には，障害のある人が心身のそのままの状

態，つまり「ありのまま」でいい存在として肯定され，基本的人権が尊重されると明記されています．僕にとって，ありのままの自分，当たり前の普通の生活という言葉は，とても肯定的な明るいイメージであり，羨ましい表現に思えていました．

規則や制約の厳しい精神科閉鎖病棟の中に「ありのままの自分や当たり前の暮らし」があるはずはないのです．多くの精神科医療従事者は「憂鬱で苦い感情」をいだきながら入院患者のケアにあたっているのではないのでしょうか．そして，この仕事の意義について誰もが納得する説明を胸張ってできるのかと，僕がいつも自問自答していた命題がこの「ありのまま／当たり前（普通）」とは何かでした．

病気と障害（精神疾患に伴う差別／偏見を含む）のある人には，薬もケア（看護・リハビリテーション・福祉的支援・社会保障施策）も必要なのです．しかし，それだけでは解決しないのは，この「ありのまま」を肯定する力の弱い不寛容な社会だからだと思うのです．そして，僕らも精神科医療や福祉支援とよばれる世界の中で，互いを肯定することができているのでしょうか．当事者が等身大の自分を生活者であると積極的に主張し，支援者は医療やケアが「十分でない現実」を素直に認めた時はじめて，生活者である当事者の本来の姿（暮らし）が見えてくるのかもしれません．

あの時の僕に生じた憂鬱で苦い感情を払拭するには，精神科の病気・障害のことや，生きる上でさまざまなニーズのある人たちを誰もが受けとめる寛容な社会を作り出すことではないかと思えるのです．

（結城俊哉）

15

03 失敗してもいい

エピソード

　私がソーシャルワーカーとして障害のある人とともに働くように
なった頃，公用車で事故を起こしたことがあります．障害のある人
と実習生を乗せての移動中でした．早く仕事を進めなくてはという
自分の焦りが引き起こした事故でした．私は動揺していましたが，
速やかに処理しなくてはと思い，気丈に振る舞っていました．事故
なんて初めての経験だし，本当は怖かったのです．後でどんな咎め
があるのか，どんな責任を取らなくてはならないのか，不安でいっ
ぱいでした．

　しかし，その日職場に戻っても誰一人として私を責める人はいま
せんでした．むしろ「大変だったね」「大丈夫？」「怪我がなくて本
当によかった」と私を気遣ってくれたのでした．大変驚き，ありが
たいことだと思いました．大げさな言い方かもしれませんが，そこ
から私は生き直したのだと実感しています．

ヒント

　私の10代は，成績が悪い，うっかり忘れる，相手の満足する行
動をしない，そんなことで常に責められ恫喝される環境で生活をし
てきました．私は周囲の顔色をうかがい，いつも緊張して不安で，
よいことがあればきっとそれを打ち消すような嫌なことが待ってい
るに違いないと身構えているような子どもでした．こうした環境で
生きざるを得ない自分を守るために，失敗する自分がダメで，責め
られても仕方がないのだと思うようになっていきました．

16

しかし，失敗する私を丸ごと受け止めてもらい，失敗してもいいこと，失敗をする私は×と思わなくていいことを知ったのです．

人が生きていく中で，失敗は成長と表裏の関係にあります．トライ＆エラーを繰り返しながら，経験を重ねて成長するのです．しかし，失敗したことを責められる経験が重なると，自己を否定するようになり，前を向くパワーがなくなっていきます．

失敗した時やさまざまな理由でコースアウトした時，休息し力を蓄えて，何度でもチャレンジができる環境が必要です．責めるより受け止めを，早く，早くと尻を叩くより十分な休息を，他者と同じになることを目指すより自分が主人公となることを目指すこと，そんなことを認め合う場をたくさんの人が求めているように思います．人生はワンチャンスではないことを実感できる社会での暮らしは，何より安心を得るに違いありません．

視野を広げると，「地球上の誰一人として取り残さない」ことを理念とした「SDGs」（持続可能な開発目標）の実現には世界各国の協力と連帯が不可欠ですが，今世界は自国を第一に考え，多様性を認めない不寛容な空気に満ちています．その空気は私たちの暮らすごく身近な地域にも広がっていることを感じます．誰にでも起こりうる日々の失敗や人生の躓きを，当たり前のこととしてさりげなく受け止めること，そのつながりと広がりが豊かな社会を作ります．

私は不完全な自分を「そのままでいい」と受け止められた体験をさせてもらった1人として，このバトンをつないでいきたいと思っています．

（堤　若菜）

04 違いから入らない

私はある有名企業で営業としてバリバリに働いていた．仕事も楽しかったし，プライベートも充実していた．だけど，ずっと一緒に暮らしていた母が突然亡くなって，何もかも嫌になって，死ぬことしか考えられなくなってしまった……．医者にはうつ病と診断され，病院のデイケアに通うことを勧められた．生きていることがつらい……デイケアなんて何の意味があるのか……

のんびり

ゆったり

デイケア

違う…

みんなには
家族がいるん
でしょ

こんなところ
ちっとも
楽しくない

私は医者が行け
と言うから
来てるだけ

私のことなんて
誰もわかって
くれない

私はみんなとは
違うんだ‼

私はさみしいだけ
病気じゃない

私だけが
一人ぼっち

でも，日々を一緒に
過ごしているうちに……

●体験を語る会

私は22歳で精神科に入院した経験がありまして　一度は人生が終わったかと思いました

そうだったんだ大変だったんだね

●身近な会話の中で

僕もこの間オヤジが亡くなってね

そうなんだ

みんなそれぞれ大変な人生を歩んできたんだ……

私も少しずつ自分のことを話すようになった.

今まで私はかくかくしかじか

それは辛かったね……

そっかぁ

うんうん

するといつの間にかみんなとの壁がなくなり, テーブルを囲んでお茶をしたり, 雑談したりするようになった.
みんなの人柄ややさしさに触れることで, 少しずつ気持ちが楽になってきた.

あなたと話してると楽しいよ

とても楽しいね

なになに?

うん

自分の気持ちや立場を守るために, 相手との違いばかりを見ていると, 不安を感じたり, 相手を理解することをあきらめたりしてしまいます. 自分と違う相手を否定せず, 違いをそのまま理解し, 認め合っていく. 多様な価値観に触れると, 自らの生き方の可能性も広がっていくのではないでしょうか. 自分らしい生き方をしたい. そう願うことは誰も共通なのです.

（椿原亜矢子）

19

体験を語る

　学生や家族などへの研修の一環として，自分の統合失調症の体験を語るようになった頃，学生には話せないことがありました．それは精神科病院入院前に家族に暴力をふるったことです．当時，暴力をふるったことへの罪悪感もあり，人の前で話すのがためらわれ，精神障害のある人の家族の前だけでは勇気を振り絞って，やっと話していました．

　退院後は仕事もできずに退廃的に過ごし，仕事をするようになっても，収入が少ないことへの怒りの感情がありました．そんな私は身近な家族にとってさえ怖い存在だったようです．その後，働き続けることで貯蓄ができて，経済的な安定が生まれ，自分の中の怒りの感情も収まっていきました．父親の死にあたり，喪主の役割を果たし，世帯主になったという人生の節目を迎えていました．自分の病気の体験をありのままに語れるようになったのは，そんな時期とも重なります．

ヒント

　精神障害のある人は荒んだ生活をしているというイメージをもつ人は多いようですが，病気はあっても安心できる人や場があることで，自分なりのスタンスで生き生きと暮らす人は多いのです．精神障害のある人自身が体験を語ることで，統合失調症や精神障害のある人への理解を深めることができます．さまざまな苦闘を経ながらも，働いたり，地域生活を送る私たちの経験を聴いて，聴き手は障

害のある人の将来への希望を見出すのです.

　体験を語ることは一方的に話すことではありません. 統合失調症の発症や闘病の経験, 回復への道筋を語り, 話を聴いた人からの質問にも答えます. 一番多い質問は仕事を始めた動機です. ずるずると仕事をしなくなっていくイメージがあるのでしょうか.

　体験を語ることは自分自身への影響も大きく, 自分で発した言葉は自分に影響を及ぼすことも重要です. ここ数年間で自分の変化を感じます. 体験を語り始めた頃は, 自分の話をするので精一杯で, 聴き手の話に耳を傾ける余裕がありませんでした. しかし, 繰り返し語り続けることで, 自分の感情に振り回されない自分になり, ある程度心の余裕をもって自分を語れるようになってきました. そうすると, 学生から「統合失調症の患者さんだから怖いのかと思っていました」といった本音がこぼれるようになりました. 学生の率直な発言であり, 悪意のないこともわかっていますが, 印象に残る言葉ではあります. 最初の頃はやはり怖いと思われていたので, 学生たちも「怖い」と言えなかったのではないか, そんな風に思う時もあります.

　精神疾患や障害に対する知識の乏しい人には, 「精神障害のある人は怖い」「何をするかわからない」という偏見があるかもしれません. どういう症状があるのか, どんな生活をしているのかよくわからないことが大きいのではないでしょうか. たとえば病気になったら, 精神科病院に入院したままというイメージがあり, 正しい情報が伝わっていないことが理由の大半だと考えています.

　いまだに精神科病院への社会的入院はなくなっていませんが, 私のように病院を退院して, 地域で社会生活をしている人間が目の前に立って話せば, そのイメージを変えることができます. 体験を語る仕事は, 社会の偏見を減らしていく, やりがいのある仕事です.

（花野和彦）

健康で文化的な生活

エピソード

　人間関係やちょっとした日常生活の変化で体調を崩してしまうことがあります．働くことは大切にしていますが，自分の給料だけでは生活できないので，足りない分は生活保護を利用しています．以前は，友人とカラオケに行ったり，一緒に食事をしたり，お金を貯めて好きな歌手のコンサートに行くこともありました．今は，生活保護費が少しずつ減らされたことでぎりぎりの生活となり，毎日の生活費を節約するようになりました．外食はせずにできるだけ自炊をし，友人と会って遊ぶこともできなくなりました．一番の楽しみは，遠くに住む家族と無料のアプリを利用してテレビ電話することです．本当は年に何回かは会いに行きたいのですが……

　体調不良で2週間仕事を休んだ時には生活費が足りなくなって，DVDデッキを買うためにコツコツ貯めていたお金を切り崩してなんとか乗り切りました．ささやかな楽しみもなかなか実現しません．

ヒント

　憲法25条は国民の生存権を定めています．1項では，「すべて国民は，健康で文化的な最低限度の生活を営む」権利，2項には「すべての生活部面について，社会福祉，社会保障及び公衆衛生の向上及び増進」についての国の義務を明記しています．「健康で文化的な生活」を保障する岩盤が生活保護制度です．しかし，生活保護制度は，健康で文化的な生活を支える仕組みになっているのでしょうか．

　生活保護を受けている人たちは「生活保護基準が変更になったため」と記された通知1枚で，2013年から2015年までの3年間にわたって，生活保護費が引き下げられました．食費や光熱水費にあたる「生活扶助費」を平均6.5%，最大で10%，月にすると約1,000〜5,000円の引き下げでした．その結果，冬でもお風呂を止めてシャワーにした，冠婚葬祭の付き合いができなくなった，食べるだけで精一杯，ささやかな楽しみもあきらめた，孫たちへのお年玉も渡せなくなった……など，全国から悲鳴のような声が上がったのです．しかし国は，2018年から3年間にわたって生活保護費のさらなる引き下げに踏み切ったのです．

　2013年に生活保護基準切り下げは憲法違反だと，全国29都道府県で1,000人を超える人が裁判をおこしました．「いのちのとりで裁判」です．障害のある人も原告として立ち上がりました．この国の脆弱な社会保障制度について，私たち1人ひとりが，自分自身のこととして考えることが求められています．この国で誰もが安心して生きていくためには，「誰かが何とかしてくれる」ではなく，いのちのとりで裁判に立ち上がった人たちのように自分自身で考え，発言し，行動する，そんな覚悟をしなければならない国になっています．

　「健康で文化的な生活」の基準は，1人ひとりのこれまでの生き方や背景によって異なります．にもかかわらず，国はもっと厳しい生活をしている人がいるのだから我慢すべきだと言わんばかりで，生活の基準値を切り下げていきます．為政者は，人々の最低限の暮らしを保障する制度を1人ひとりの生き方や暮らし方に合わせ，柔軟に対応する義務があります．「健康で文化的な生活」とは，単に生命維持できればいいということではありません．人と会うこと，旅行や外食，趣味など余暇を楽しむことは決して贅沢ではなく，私たちの「権利」なのです．

（玉手佳苗）

主体性を取り戻す

　子どもの頃から周囲の人の顔色を窺い，その場に沿う言動で人との関係性を保ってきた私にとって，自分の考えを明確に持つということはかなり難しいことでした.

　就職し，精神疾患を抱えながら地域で生活をする人たちと共に時間を過ごす中で，人との距離感をつかむこと，自分の考えを言葉にして相手に伝えることの難しさ，何より人を信頼し，人から信頼されることに厚くて大きな壁を感じました. かつては「ソツなくこなすよね」「器用だよね」などという言葉で私について他者から表現されたこともあります. 表面的に取り繕っていることを見透かされているような気さえする言葉に，より一層自分を包む殻を固くして身を守ろうとしていました. 自分の言動1つひとつに自信がなく，傷つくことを恐れて誰かに相談することもできず，ますます自分の中に籠るようになったのです.

　仕事を始めたばかりの頃，先輩たちから「あなたがやりたいことが見えない」「あなたは，どれだけ障害のある人たちと思いを共有しているのか」「一人よがりの活動になっているのではないか」と日々厳しい指摘を受けました. 私はますます他者に対する猜疑心や被害感が増幅し，「もう限界だ. ここにはいられない」と退職を決断していました.

　退職を申し出ようと出勤したその日，数日前にいっしょに学習会

の企画・運営をしてきた障害のある仲間に声をかけられたのです．「この前の学習会楽しかったね．またやりたいよね．次はいつやる……」

　私はそれまで一生懸命に自分の仕事に向き合ってきたつもりでした．しかし，この日投げかけられた何気ない一言で，自分のことしか考えていなかった自分に気づいたのです．「目の前にいる人の気持ちをどれだけ考えてきたのか」「彼らが本当に求めていることを受け止めていたのだろうか……」．先輩たちの指摘に追い詰められていた私は，この一言で目が覚めるような気持ちになったのです．

　そして，自分が何を大切に，何に取り組むべきか，毎日先輩に相談し，些細なことも報告し，判断が正しいのか確認を繰り返しました．自分の殻を脱ぎ捨て，自分をさらけ出しました．そして，自分の考えを他者にわかってもらい，他者からの投げかけを正面から受け止める努力を始めたのです．それは他者に対する猜疑心や被害感で固まっていた私には，想像を絶するほど勇気が必要で，エネルギーを必要とすることでした．しかし，それから1年，2年と経過するうちに，周囲の人と自然にコミュニケーションを取ることができ，楽な気持ちで日々を過ごしていることに気づきました．

　自分の殻に閉じこもっている間は見えなかった他者を含む周囲の環境．そこに素直に目を向けることができた時，初めて自分自身について向き合う感覚と覚悟が生まれました．他者との間で，自分はどうあるべきか，何をするべきかを考え始めたのです．これが私の主体性の芽生えだったのです．

（渡邉奏子）

25

素直さと謙虚さ

　大学4年生のゼミ合宿最終日，担任の先生とともに美術館に立ち寄りました．1時間後，一足先に見学を終えた私はホールでゼミ仲間を待っていました．すると，美術館の玄関付近で守衛さんに何やら話しかけている先生の姿を見つけました．何事かあったのかと心配になって近づいていくと，先生は守衛さんに「今日は大変楽しませていただきました．ありがとうございました」とお礼を言い，深々と頭を下げたのです．

　会釈や形だけのあいさつではなく，しっかりとした心ある礼です．

　美術館を陰で支える人にも目を向け，礼を尽くしている．先生のどんな人も対等平等に気遣い，感謝の気持ちを忘れない，心からのありがとうの言葉と，人によって態度を変えない謙虚さに私は深く感動しました．

　守衛さんはその後，丁寧に敬礼をすると，先生は手を胸に当てて答礼をしました．

ヒント

　前述の「先生」は私の恩師，坪上宏氏．精神科ソーシャルワーカーの先駆けで，ソーシャルワーカーの「支援」というかかわりに注目した援助関係論の研究者です．

　病院や福祉施設など対人援助の現場では，医師やソーシャルワーカーなどは援助者に，患者や施設利用者は被援助者に位置づけられます．その関係性は「～する側」と「～される側」という立場性と

なり，その関係は固定化されやすく，対等ではなくなることがあります．

　援助者は，よかれと思って行ったことが相手の自己決定を阻害してしまうなど，被援助者の権利を侵害しうる立場にもなります．そのことを自覚し，謙虚さを身につけることは大切なことです．

　先生はこの関係性に注目し，2つの援助観について述べています．

　その1つは，「相手を変える」という見方であり，相手を社会に適応させるという一方向的な援助観です．もう1つは，「相手が変わる」という見方です．それにはまず，援助者自身が自分の価値観や経験則にとらわれず「変わりうる柔軟性を身につけていること」が求められます．そして，相手と自分の相互作用が生まれ，その結果，相手が「変わり」，そのことを通して回復につながるという循環的な援助観です．

　ここで，もっとも重要な点は，相手と援助者自身を「変化」の主体としてとらえているところです．

　援助者は，まず相手のありのままを認め，偽らない態度が求められます．相手に向き合う時には，自らのさまざまな思いを整理し，相手のこころの動きを理解し，それを受け止めていくのです．相手に対する真剣な関心をもつことが肝要で，この姿勢は，援助関係にとどまらず，すべての対人関係において求められることなのです．

　素直さとは，社会に適応するといった受身の状態ではなく，自分とは異質な他者の意見を受け入れる力，環境や変化を受け入れる力なのです．そして，謙虚さとは，現実のありのままの自分を受け入れることができる力なのだと思います．どのような場面においても，状況に応じて「自分を変えていける力」は，まさに素直さと謙虚さの本質なのではないでしょうか．そのことを先生は身をもって示されました．素直さと謙虚さが失われる時，それは，私たちの成長が止まる時なのです．

（宗野政美）

ひらかれた家族関係

息子は，中学時代にいじめられて不登校となり，高校に入学したものの，また，いじめにあい中退しました．人目をはばかり引きこもり，昼夜逆転の生活となりました．精神疾患の症状も現れ，過去のトラウマと将来への絶望から，些細なことで妻に罵詈雑言を浴びせるようになりました．そして，家庭内暴力が始まったのです．息子は家具や室内を壊し，妻は時に身の危険を感じ，電車に乗って時間を過ごし，息子が落ち着くまで一時的に避難することもありました．息子も落ち着くと，「親に迷惑をかけ，社会にも役に立たない自分は生きる資格がない」と思い詰め，自分を責めて薬を一気に飲んだり，自殺未遂も繰り返しました．

その後10年間，息子の精神科入院，統合失調症だった長男の心疾患による逝去，高齢となった母の長期入院などが次々と起こり，途方に暮れる日が続きました．親としてどう接したらよいのかわからず，学校の先生，精神科，保健所，行政の心配ごと相談，引きこもりの親の会など，あちこちに相談に行きました．ほとんどの場所で私たち夫婦の助けになる話は聞けませんでした．孤立無援でした．

ヒント

目の前が少しずつ開けていったのは，同じ病気の子どもをもつ家族が集まる会に出会ってからです．そこで病気と障害のこと，そして息子への対応を学びました．また，親が明るくなることは，当事者によい影響を与えると学びました．妻は，国内だけでなく，趣味

の押し花教室の旅行でイタリア，フランス，ドイツに行き，元気を取り戻していきました．息子は，母親の元気な姿を見てうれしかったようです．

　そして，転機が訪れました．私たち家族が相談していた事業所の職員が自宅を訪ねてくれたのです．その後，定期的に訪問してくれるようになり，息子と話し合ったり，いっしょにキャッチボールをしたり，息子に伴走してくれたのです．そして，息子は長い引きこもりから脱出し，あちこちに出かけるようになり，人とのつながりも増えていきました．高校に再入学し，卒業することもできました．薬以上に効果があったのは，人とのつながりができることだったのです．

　引きこもっている当事者と家族が1つ屋根の下にいると，空気がよどんでお互いにピリピリしていきます．引きこもりは，家族だけの力で何とかすることは難しく，外からの空気を第三者に運んでもらうことが必要なのです．

　私が6年前に退職して在宅時間が長くなると，私から監視されている気がすると感じるようで，私に対しても暴言や暴力が起こるようになりました．息子から「この先，老いたる両親の面倒は見ることはできないから出て行ってくれ」と言われ，親子別々に暮らすことにしたのです．4年前には，何かと生活の頼りにしていた妻が急逝し，今は息子と私，それぞれ一人暮らしを続けています．お互いに孤独に耐えつつ，日々の生活をこなしながら，それぞれの人生を歩んでいきたいと思います．

　今から思うと，親子別々に暮らすという選択は，親子関係の程よい距離が保たれて，それぞれの依存関係が薄れてくることとなり，同時に親離れ・子離れの機会にもなったのです．家族間で生じるさまざまな出来事を家族だけで解決しようとすることには限界があります．親も子も一歩外に出ていく，あるいは第三者が家族に新たな風を吹き込んでくれる……そんなひらかれた関係こそが，本人も家族もそれぞれの人生を歩む助けになるのです．

（沼田清剛）

今の中に幸せがある

「悲しすぎる．これじゃあ希望がないじゃないか……」．19歳だった私が，精神障がいのある人たちのグループ活動に初めて参加した時の思いでした．みんな私より2回りほども年配で，コタツに入ってただ煙草を吸っているだけのように見えたのです．当時の主治医から「まだ若いし，今のあなたのいる所ではないですね」と言われて，この福祉事業所は辞めてしまいました．

私が統合失調症を発病したのは17歳の時です．それまでも友人に恵まれ，部活や遊びに充実した毎日を送っていましたが，受験のことや人間関係から被害妄想的になって，両親に連れられて病院に行くと，何の説明もなく注射を打たれ，目覚めた時には鉄格子の中にいました．自分は何か罪を犯してしまったのかと思いました．18歳の誕生日は閉鎖病棟で迎えました．

退院後の主治医に「明るい気持ちでいるといいですね」と言われましたが，そんな言葉はとても信じることができませんでした．

ヒント

発病から30年が経過し，50歳になった私は，「今が一番いいと感じながら生き続けたい」というタイトルで，自分の病気と回復について発表をするまでになりました．病気をしてから，精神科の先生，職場の仲間，同じ障がいの仲間，趣味のコンサートで知り合った仲間など，たくさんの人との出会い，つながりが生まれました．仲間と話すことで人の生きる力に触れ，希望や夢を語り，日々を生き生

きと送っていけるようになったのです.

　退院後はアルバイトで８年間働き, 社員を目指したこともありましたが, 今は19歳の時に辞めた福祉事業所に戻って, 非常勤職員として働いています. 32年前には「希望がない」と思ったこの場所に, 実は希望があったのだと, 後から気づきました.

　最近になって, やっと主治医の言葉がわかるようになりました.「夢や希望を持って生きてください」という意味だったのでしょう.

　大きな病気をした時は, 一時的に生きていく力が弱くなり, 希望を見出せなくなります. 変わることにも弱気になりがちです. 私も寝て食事に起きるだけのつらい毎日を過ごした時期がありました. でも, 今になって思い返せば, 病気をしてからつらく苦しい経験もしたはずなのに, よかったことのほうが強く心に残っています. 不思議なもので, たくさんの出来事に後から意味がついてきます. 自分の中でいろいろな経験が糧になっているように思えるのです.

　皆,「今の中のどこか」に幸せはあるのだと思います. でも, それを決めるのは自分の心だともいえそうです. 仲間と共に, それぞれの居場所で, 希望と夢を持ちながら生き続ければ, 人生は肯定的に受け止められると思います.

　数年前に, 同じ障がいの仲間と結婚をしました. 一人暮らしの時にはなかった温かい食事の中に, 日々の他愛ない会話の中に, 幸せがあります. 妻の笑顔を見ることで安心をもらい, 私の気持ちは優しくいられます. 発病当時の絶望から希望が生まれ, 今があるという気持ちです. これからも何があっても前を向いて, 悔いのないように生きていきたいと思っています.

（清水宏一）

回復の道筋

　一流外資系企業に就職し，同じ会社で働く女性と結婚したその人は，とてもまじめで実直であったことから，会社からも信頼を置かれ，順風満帆な人生を歩んでいました．海外の重要な仕事も任され，一家の大黒柱として頼りになる存在でした．スポーツマンで友人も多く，家族を誰よりも愛し，子どもたちへたくさんの愛情を注いで育ててきました．そのような何の曇りもないように思えた生活が，突如一変したのは5年前でした．睡眠がうまく取れなくなった時期が続き，徐々に頭の中に声が聴こえ始め，その声と会話をし続けました．会社がその異変に気づくのに時間はかかりませんでした．上司に付き添われ医療機関を受診し，統合失調症と診断されたのです．

　彼がその後回復に向けて歩み始めるまでには，長い道のりが必要でした．回復し自らの尊厳を取り戻すには時間が必要なのです．

　「ガチャンと鍵を掛けられて，なんでこんなところに来たのだろうと思った」「他の患者と喧嘩して両手両足を縛られ，頭に電気ショックを受けた．生ける屍だった」「病院での扱いは，人格が否定されるような嫌なものだった」「自分の人生は病院で終わるのかと思った」．これは，精神疾患を抱えた人たちが，精神科病院の入院体験を語った言葉です．疾病からの回復とは程遠い，人としての尊厳を奪われる環境が精神科病院にあったのです．

　今から約20年前，長期にわたる精神科病院での入院経験のある

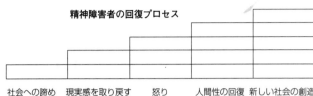

精神障害者の回復プロセス

回復の自然史	社会への諦め	現実感を取り戻す	怒り	人間性の回復	新しい社会の創造
価値の変遷	没価値	社会の中の居場所	人間の尊厳	主体化	連帯と協働
主要のテーマ		人間回復	他からの認知	コンシューマーズイニシアティブ	

統合失調症の人たちが，体験をもとに回復のプロセスを5段階の図に整理しました．

　精神科病院での生活は，「精神病」「精神分裂病（当時）」という烙印を押され，仕事も友人も，当たり前と思っていたものすべてを失い，病気をする前の人生は戻ってこないと，あきらめの中で生きていました．しかし，退院し，地域で生活をしていくと，居場所を得て，人の優しさや思いやりに触れる中で，徐々に現実感を取り戻していきます．そして，「なぜあのような扱いを受けなければならなかったのか」「なぜあの場にいることを強いられたのか」という精神科病院での処遇に対する怒りが湧いてくるのです．それがエネルギーとなって，自らの尊厳を取り戻していきます．「仲間の痛みがわかるようになり共感できる」「仲間同士のきずなを感じる」「病気を隠さず生きていく生き方がある」「明日を生きていこうと思うようになった」……．自らの人生を主体的に生きることを選択できるようになった時，自分たちが住みやすい社会を創るという意識の芽生えにつながるのです．

　この回復の5段階は，回復へのプロセスの1つです．その道筋は1人ひとり違いがあり，その環境によっても大きく異なりますが，人としての尊厳が守られる環境，人とのつながりが必要です．回復とは病状が改善することではありません．生きることを諦めるしかなかった人が，自らを肯定し，もう一度生きてみようと生きる力を回復させ，自分自身の人生を再び歩き出すことこそが大切なのです．

（渡邉奏子）

いのちの回復

中学の時怪我をして，大好きな野球ができなくなりました．それをきっかけに精神の病を発症し，精神科病院の入退院を繰り返していました．40歳になるまで働かないで過ごしてきました．

クリスチャンとして通っていた教会のみんなにも溶け込んでいない，疎外されているという意識が強く，話し出すことができませんでした．他の人が話しかけてきてもとても無愛想で，話しかけられたくないオーラを放っていたので，思うように交わりが持てないでいました．日曜日に礼拝が終わって，みんなは楽しそうにおしゃべりしているのですが，私は椅子に座って押し黙ったままでした．そのくせ，誰かが話しかけてくれるのを期待して，その場所にい続けていたのです．しかし，期待通りにはいかず，うなだれて帰るということを繰り返していました．

目標もなく，毎日死んだような顔をして過ごしていました．これでは誰も近寄りたくありません．いのちの輝きは微塵もなかったと思います．言葉では祈っていても，実際にはその言葉と矛盾して，今のままでいたい，自分には無理なんじゃないか，どうしようもないんだと思いながら，歳月を重ねていきました．

ヒント

その後，精神に障害のある人でも最低賃金をもらって働ける出版社の存在を知り，その門を叩きました．

人とうまく交流できないという悩みは仕事に就いてからも続いた

34

のですが，慢性腎臓病になったのをきっかけに始めた筋力トレーニングとウォーキングの成果があって身体が丈夫になってきたり，仕事のほうも幅が拡がっていったこともあって，自信が培われたのか，たとえうまく交わりが持てなくても，そんなに自意識過剰にならなくて済むようになりました．

　野球をもう一度したいと切望していたのが，野球はできなくても，身体を鍛えることができるようになったり，あれになろう，これになろうと思って，最後には漠然と日本語教師になりたいと思っていたのが，出版社という職場で日本語に携わる仕事にいそしむことができるようになりました．無理に夢見ていたことが，願った通りでないにしても，別の形で実現したのだと思っています．

　知らず知らずのうちに，言葉で言い表す願いと，それをほとんどあきらめていた心とのギャップが埋められていき，心から求めるようになっていったのです．いのちの輝きを願うことすらできなかったのに，いつの間にか，いのちを生きているのだという実感を持てるようになりました．

　いのちは，決して生命活動だけで完結するものではありません．自分が自分らしく，生き生きと歩んでこそのいのちだと思います．自分が自分の人生の主人公になってこそ，いのちは輝きを放ち，希望を持って生きていくことができるのです．

　いのちの回復とは，必ずしも病からの回復ではありません．自分は駄目なんだ，駄目な自分があたりまえなんだという諦念の状態から，自信が芽生え，生きがいを見出していく．そういう自尊心の回復こそ，いのちの回復といえます．それは自分の生き方を取り戻していく，人間性の回復でもあります．

　私は自分では思うようにいかない経過をたどってきて，人から見れば，無為な月日を費やしてきたかもしれません．しかし，その受け容れられないような現実の内に，いのちの回復が隠されていたのだと思います．

（中塚　治）

第2部

つながる

居場所

　19歳で精神分裂病（現在の統合失調症）になって，60歳近くまで病気を隠して生きていた僕は，隠して生きることに疲れてしまったのです．

　僕が訪ねたその場所には1人の女性がいて，僕が入っていくとお茶を出してくれて，名前やどこから来たのか，など聞かないのですね．何となく座っていられて，自分が受け入れられているという安堵感が湧いてきました．1日中座っていても疲れない……そんなところでした．

　そこに半年ほど通った時に，ふっと自分の気持ちが変化していることに気づきました．それまでは自分の人生を否定的にとらえて，自分の人生を負に感じてばかりいたのですが，全面的に否定しなくてもよい，消極的に肯定できるようになっていったのです．

　精神疾患は特別な人の特別な病気，そんな風に思っている人が多いのではないでしょうか．それは間違いです．誰もが罹りうる病気なのです．

　病気になったこと，精神科病院に入院したことで，自分の一生が終わったと思ったと語る人がいます．いろいろなつながりもなくなって，病気になった自分が悪いと自分を責める人もいます．独りぼっちで，病気を隠して生きている人たちがいます．孤立は，何の役にも立たない自分はこの世から消し去ってしまいたいと思うことに

もつながります.

　でも，消極的にも自分を認められるようになる，それはとても大きな一歩です．その大きな一歩を踏み出すためには，心の底から安心できる場所とゆっくり流れる時間，人間丸ごとをありのままに認めてくれる関係が大事なのです.

　居場所と出会って，自分の思いをぽつぽつと語るようになり，同じような経験や挫折をした仲間と出会い，この経験は自分だけのものではなかったと気づきます.

　こうした居場所が，社会の中のあちこちにあればと思います．働く場が自分にとっての居場所と感じる人もいるでしょう．また，職場での休憩時間のさりげないおしゃべりにほっとしたり，通いなれた喫茶店でお天気の話でもしながらゆっくりコーヒーを楽しむ，こんな居場所もありそうです．自分は独りぽっちじゃないと実感できる場所が自分の居場所です．日々しんどい気持ちを抱えつつ，精一杯働いたり，勉強したり，活動している人たちがいます．そして，今日はほっとできるあの場所に行こう，今週あったあれこれをおしゃべりしよう，と日々の頑張りを支えてくれる居場所でもあるのです．そして，エネルギーを蓄えて，また明日からの日々を過ごすことができる……

　そんな居場所が誰にもあったらいいのに……北風と太陽のお話がありますが，居場所は陽だまりのような場所でもあるのです．かじかんだ心が少しずつ溶け出して，心を開き，その人自身のもっていた力を取り戻していくのです.

（増田一世）

14 安心
——ここにいていい

　長女が高校でいじめに遭って，学校に行かれなくなり，高校1年で中退しました．私は娘が病気とは思えませんでしたが，本人はつらかったのでしょう．自分から心療内科に行きたいと希望して行きました．それから2年ほどたって，ようやく統合失調症と診断されました．そこで紹介された障害のある人たちが集う場所で，私と長女は同じ病気の息子さんのいる1人の年配の女性に出会ったのです．

　その場所を皆は「茶の間」と呼び，女性のことを「おばさん」と呼んでいました．おばさんは余計なことは聞かないし，ヌンチャクを振り回す通所者がいても止めなさいと制止することなく，「私怖いわ」と一言……一事が万事そんな感じでした．

　茶の間に行くと娘は，まるで小さな子どものように，どこに行くにもおばさんについて回りました．娘の成人式の晴れ姿を見てもらいに行くと，おばさんは他の人たちも呼んでくれて，思いがけず娘の晴れ舞台となりました．娘は，この茶の間だけは1人で行くことができ，母親としても安心して過ごせた時期でした．

ヒント

　私がさまざまな人との出会いを得たのは，まさに娘のおかげでした．精神障害のある人の家族が集まる会にも参加するようになり，同病の子を抱える家族に泣きながら話を聴いてもらっていました．わんわん泣くことで救われていました．私はやっと安心できる居場所を得たのです．まず話を聴いてもらうことが大事なのですね．私

は娘にもつい「こうしたら」とか「ああしたら」と言ってしまって
いましたが，娘が「茶の間」で安心して過ごせたのは，おばさんが
質問もアドバイスもせず，ただそこにいて，ただ話を聴いてくれて
いたからだと，私も同じ経験をしてわかるようになりました．

　ある専門職から，娘と離れて暮らすことを助言されました．娘と
はちょっとした会話もうまくいかなくなっていた時でした．でも私
の中には躊躇があり，その助言を受け止めるまでには時間が必要で
した．親子は大事だからこそ葛藤いたしました．それは，母の愛情
をあまり感じずに育った生い立ちにも起因しているかもしれませ
ん．母は自分が母親に甘えていたいという人でした．私が中学しか
出られなかったのも，私が勉強することを母が強く嫌ったからでし
た．授業料無料の職業訓練校で幾つかの資格を取りました．私が飛
び立とうとすると母が足を引っ張る，そんな夢を繰り返し見ていた
時があります．だからこそ，娘には私なりの愛情を注ぎたかった
……

　娘と離れて暮らすようになり，自分の時間ができて，私が選んだ
のは傾聴ボランティアでした．実に多彩な方たちがいて，ここでも
まず自分自身が聴いてもらう経験をしました．私の話を拒否しない
で聴いてくれる……なんでも包み隠さず話しました．娘の病気のこ
とも皆で真摯に聴いてくれました．近所の人たちにも話すことがで
きて，なにより自分がほおっとしました．自己開示することによっ
て私の安心の場が広がったのです．介護施設に傾聴ボランティアに
行くようになって，10年以上になりますが，そのボランティア仲
間との活動は，家族会とはまたちょっと違う安心の場であり，素の
自分を受け止めてもらう場になりました．聴いてもらった経験のあ
る人は，人の話を聴くことができるのだと思います．

　山に植樹する時は，樹間距離は近すぎず離れすぎずの程よい間隔
があるのだそうです．雨風の時に互いに支え合う多様な生き物の共
生の姿に学びながら，お互いに安心できる距離を模索しています．

（松川慶子）

15 仲間

　精神病院で悲しく，苦しかったことは，自分の部屋の隣にある老人病棟で，老人の方が死んでいくことです．亡くなると，線香をあげるんです．その線香の匂いで，家族も受け入れてくれないから，自分もこうなるのかなと思い苦しかったです．

　自分は精神病院を退院することができ，宿泊訓練施設に受け入れてもらうことになりました．飲んでいる薬は強く，目つきもきつかった．ぎょろぎょろしていて，体はがりがりに痩せていて，気持ちもふわふわしていました．自分自身の心に偏見があり，自分は精神病だから変なふうに見られているのではないか，態度がおかしいと言われているのではないかとか，そんなことを心の中で思って落ち着かなかったです．

　最初のころは，病院とは違った雰囲気でしたから，眠れないとか，物音や足音が気になるということがありました．かなり状態が悪くなり，また入院になるかと思いました．周りは知らない人ばかりで，ほんとうに緊張して過ごしていました．

　緊張がほどけたと感じるまでには３か月くらいの月日がかかりました．自分の最初の友達はKさんです．Kさんが爽風会（仲間づくりを目指したグループ）に入ってから，会うようになり，部屋でコーヒーを飲むようになりました．そこで爽風会の話を聞いて，自分も入会しました．仲間づくりから始めて，最初はつらかったですが，親密感が

だんだん出てくるようになりました．周りの人が話しかけてくれて，だんだん喋れるようになって，楽になり，そこでのみんなとの交流を通じて，自分自身がだんだん変化していきました．

今振り返ってみると自分には病識がありませんでした．他の人より薬の量も少なかったし，少し動けたので，人より自分はできると過信していました．爽風会で皆の意見を聞き，意見の食い違いとか……そういう経験を積んで相手の話が聞けるようになり，病識が出てきます．やはり自分も病気なのだと思うようになりました．

宿泊訓練施設からアパートに移って，だんだん仲間が集まるようになりました．皆でお茶を買って飲んでいる時に，たとえば，仲間が話していて急にあくびをかき，気分がふわふわして落ち着かなくなると，「枕とか毛布とか出して横に寝て楽になりなよ」……そんな思いやりがある，病気の当事者だから理解し合えることもあります．余裕がある時は周りの仲間のことも考えられるようになりました．

それに比べて，精神病院の閉鎖病棟での仲間づくりは，何かを貸してくれたから仲良くしようというように，物だけのやりとりになってしまいがちです．また，病院では未来のことなど話しません．長いトンネルの中にいるようで，先が見通せないから，昔はよかった，こんなことがよかったと，昔のことばかり話しているのです．

今まで自分は，昔の話とか，病気の苦しみなどは，笑われて恥ずかしい思いをすると思って話せませんでした．それが現在できるようになったのは，自分が苦しかった時に仲間に支えてもらう経験をしたからだと思うのです．自分たちは環境が悪い所にいると悪くなってしまうけれども，環境がいい所にいるとすごく調子がよくなります．自分が回復したのは今の場所に来てからで，仲間の優しさや受け入れてくれたことがあり，だんだんいい方向に向かっています．

（須藤守夫）

＊編集室注：須藤守夫さんは2010年暮れ，66歳で亡くなられました．この文章は須藤さんの著作である『やどかりブックレット18 退院してよかった』(2009)を元に，編集室が再構成したものです．

経験の共有

エピソード

　10代で発症した時，子どもは思春期にある反抗期と似たような様相で，家族としてはその変化を精神疾患ととらえられませんでした．今思えば，本人の苦しさに寄り添えなかったことを悔やむ気持ちです．体の中で起こる変化には本人が一番驚いたことと思います．しだいに症状による被害的な感情の中で攻撃的になっていくのを見守るしかありませんでした．

　地域には同じ病気や障害のある子ども（家族）をもつ人たちが集まる「家族会」があります．私がようやく家族会にたどり着いた時，以前からの知り合いと出会ったのは驚きでした．ごく近所に精神障害のある人が暮らしていることを知り，わが家に起きたことは特別なことではなかったのだと気づきました．家族会では，共に語り合う場があり，入会したばかりのころ，出会った仲間と廊下の隅で泣きながらお互いを励まし合っていたことを思い出します．中学生で発症した娘さんのお母さんは，激しい症状の娘を怖いと思ってしまう自分が悲しいと，先輩家族の胸に顔をうずめて泣き崩れていました．1人で耐えていた日々を想うと，言えてよかった，聴いてもらえてよかったと，こころから思える場面でした．

ヒント

　それからの私は，それぞれの苦労を家族会の仲間と語り合い，家族としてできることは何かと模索してきました．同じ思いをしている人たちと話すことでとても癒されて，他の家族の話を受け止めら

れるようになり，自分自身を見つめ直すことができたのです．

　私はかつての自分のことを忘れてしまうこともありますが，仲間は覚えていてくれて，「前よりずいぶん良くなっているよ」と声をかけてくれます．私より私のことをよく知っているのではないかと思ったりします．その絆をありがたく，心地よく感じていられるのは何より幸せなことで，とても感謝しています．

　家族もまた当事者であり，子どもが精神疾患を発症した時の衝撃は共通しています．混乱の中で大切な家族を見守った心の痛みと経験を分かち合い，乗り越えてこそ，新たに希望をもって，自らが「支える環境」になれるのではないかと思います．家族としての体験を共有し，学び合うことを通して，それまで漠然と生きてきた私が「人間とは何か」という大きなテーマを意識することができました．価値観は多様であり，人と比べないことが大切で，それぞれの生き方があることを知りました．自分のできることで精一杯生きることを良しとする考え方に変わり，「支える家族」としてではない，「私自身」という人間が変わってきたのです．私は家族も障害のある人の環境の一部だと思い，環境が変化することで，少しでも心地良く過ごしてくれたらと願っています．

　さまざまな出会いの中でもたらされたものはたくさんありますが，共通する経験をもつ家族同士は，安心して話せる大事な存在です．支え合って生きていることを実感します．

　いつも肯定的にとらえてくれる心地よさと何でも話せる安心感は，何にも代えがたいものです．それは人としてのやさしさであり，命を大切にすることでもあります．これまでの私では気づけなかった，共に生きることを喜び合うということは，私の人生にとって大きな財産となっています．

（佐藤美樹子）

17 二人三脚

　14歳の春に統合失調症と診断され，人生終わった，廃人になるのだと思っていました．何をやってもうまくいかず，何をする気にもならず，孤独で，つらい日々でした．東北から関東に転居することになり，父親と2人で暮らし始めました．

　いつも死にたいと思っていた私の転機は，信頼できる主治医との出会いでした．「この病気はご飯食べて風呂に入って，薬飲んで寝るだけじゃダメなんだよ」と言われました．主治医のアドバイスで近くに同じ病気の仲間が集う場所を見つけました．父親との暮らしが息苦しかったので，自分の話を聴いてくれる仲間とそこの宿泊施設に泊まって，おしゃべりするのが楽しい日々でした．いろいろな話を聴いて受け止め，意見を聞き出してくれて，自分で考えさせてくれる……ここは信用できるところだと少しずつ思えるようになりました．仲間と病気の話をしながら，少しずつ自分を肯定できるようになってきました．

ヒント

　今，精神障害の経験を生かしてピアサポーターとして働いています．「街中に素敵なピアを」と話してくれた人がいます．精神障害があってもできることがあるのだと，新たな発見があり，ピアサポーターの役割の重要性を感じるようになりました．

　ピアサポーターは，二人三脚が基本です．勤務先の事業所の利用者とお菓子作りをするプログラムがあります．数人の利用者とその

日のメニューを話し合い，一緒に買い物に行くこともあります．注
文を取り，お菓子を作って，コーヒーとともにサービスするのです．
最初の頃は，記憶に障害がある利用者には注文取りは難しいだろう
から，一緒にやったり，代わりにやってあげるのが，ピアサポータ
ーの仕事だと思っていました．しかし，それが彼のプライドを傷つ
けていたことに気づきました．相手のことをわかったつもりになっ
ていて，上から目線だったのですね．それではともに歩むことはで
きないのです．二人三脚とは，相手の歩調を気づかいながら，自分
だけが先に行くのではなく，疲れたら一緒に休み，相手と呼吸を合
わせることなのですね．

　ある年配の利用者はお菓子作りの経験もなく，自分はホットケー
キなど作れないと自信もやる気もありませんでした．自分には無理
だと最初からあきらめていても，実際にやってみたら案外うまくで
きたりして，人にはそれぞれ可能性があることを実感しました．利
用者の言葉や態度に腹を立て，仕事を放棄して帰ってしまったこと
もありました．仕事を投げ出してはダメ，ピアサポーターはサポー
トする立場なんだと改めて思いました．

　二人三脚は，お互いの信頼感が大事です．素直に丁寧に意見交換
できることによって，難しいかなと思っていたことも結構うまくい
きます．「コミュニケーション」という言葉に象徴されるように，
いろいろな人と関わり合っていくことですね．そこでは自分と距離
のある人と話すことも大事だと思います．そして，可能性を信じら
れるようになりました．二人三脚がうまくいくと，１人ではできな
かったこともできるようになる……時間も必要ですが，やれないこ
とはないと思えるようになりました．

（佐藤晃一）

# 対話と共感

　私は公衆衛生の専門職として，20年近く東南アジアの国々で働いていました．仕事で出会ったさまざまな人たちとの関係づくりで，思いが通じ合い胸躍る協働が実現したこともありました．一方，互いの溝が埋められず表面的なやりとりに終始し，冷たい対立だけが残ることも数多くあったのです．ある国にいたとき，私の所属する団体と関係団体との間で，資金面やリーダーシップの面で競合する事態となりました．私はその団体との協力関係を築くことより，自分の組織にとって有利な状況をつくることに重点をおいて議論をしていました．

　他の国に移ったとき，同じような状況で2つの団体が競合せず，資金もスタッフも共有し相互補完的にリーダーシップを発揮しているのをみて，とても驚きました．その背景には，各団体の担当者同士が事あるごとに話し合い，お互いを理解し合い，それぞれの強みを生かして，当該国の健康問題の解決に一緒に取り組もうとする姿がありました．

　対話と共感を通してさまざまな関係づくりを進めていくことが，人と人とが響き合う街，誰も取り残さない社会をつくっていく上でもっとも大切なことの1つであるのは，多くの人たちが認めるところでしょう．いろいろな形の「分断」が深刻化するなか，対話と共感を育んでいくことが，現代社会の最重要課題の1つと言えるかも

しれません．一方で，対話が共感につながらず，お互いの対立や無関心を生んでしまう場面も，少なからずあるかと思います．

　私自身，対話がうまくいかなかった，共感につながらなかった経験を振り返ってみると，多くの場合，自らの足りないところや弱みを知られることへの不安や恐れがあったように思います．自分の安心が脅かされ，危険を感じると，相手の話をしっかりと聞けなくなり，ときには協力できないことを相手のせいにしようとしたこともありました．自分の足りないところや弱みを隠すよりも，少しずつでも言葉にできると，不安や恐れが小さくなっていくのかもしれません．

　関わる人たちと思いが通じ合って，協働の取り組みが進んでいく体験は得難いものでした．しかし，その成功体験から「対話とはこうあるべき」と思い込み，そこからはずれる人たちを「対話が難しい人」として避けがちだったこともあります．聞くことが得意な人もいれば，不得意な人もいて，相手の表情や言葉のニュアンスに敏感な人もいれば，そうでない人もいます．人がもつコミュニケーションのパターンは，自分が思うよりも随分と多様であるようです．

　関係づくりの失敗を重ねながら，そういうことが段々わかってきた気がします．自分の特性と他人の多様さについての認識が進むと，相手に合った対話のあり方が見えてきて，お互いの置かれた状況や感じ方に関する理解が深まり，より高い共通の目標を目指す上での信頼が生まれてくるのかもしれません．疑心暗鬼にならずに協働の可能性を追求できるよう，深い洞察と高い視座，そしてそれらを具体化させるコミュニケーション・スキルをもちたいものです．

（藤田雅美）

好きを生かす

　若くしてうつ病になり，長年家族に依存してきた彼女の生活は，東日本大震災によって一変してしまいました．離れて暮らす家族を頼るわけにもいかず，通院や買い物もなんとか自力でこなすようになった彼女ですが，一人暮らしの寂しさや心細さから，自身の先行きに不安をにじませていました．

　そんな彼女のささやかな心の支えとなったのは，復興支援ソング「花は咲く」でした．同じ病気の仲間が集うコーラスグループでこの曲を歌うことを知り，緊張しながらも参加を決意したのです．最初こそグループの熱気に圧倒されていた彼女も，歌うことの楽しさに触れ，徐々に笑顔が増えていきました．自分の大好きな曲を，仲間と声を合わせて歌い，それを発表会で聴いてもらう中で，「誰かの歌が聴こえる」「誰かと結ばれてる」という歌詞が，彼女の中で息づいていったのかもしれません．これから自分がやりたいことも語ってくれるようになりました．

　この曲と出会い，仲間と歌うことを通じて，生きていくことへの手応えを感じられるような，しなやかな気持ちが戻ってきたのかもしれません．

ヒント

　障害者権利条約では，すべての人の「文化的な生活に参加する権利」が大切にされています．一方で，COVID-19感染拡大防止のため，文化的な活動は真っ先に「不要不急」とみなされてしまいまし

た．しかし，歌うこと，絵を描くこと，詩を詠むこと……それは文化活動であり，その人にとって大事な生命活動の1つです．「好き」を見つけることが，人生を切り拓く力にもなり得るのです．

　「好き」や「得手」を生かせる場があることも大切です．36年間，精神科病院に入院し，病院の管理下で不自由な生活を送っていた男性にも，人生を豊かにする種が蒔かれていました．彼は作業療法の一環として，院内に設置された喫茶コーナーでマスターとして働きました．コーヒーを淹れたりホットサンドを焼いたり……その仕事が彼の「得意」になっていったのです．退院後，「本物の喫茶店をやりたい」という彼の夢を，その夢を叶えたいという仲間の思いが後押しして，1つの喫茶店が誕生しました．お客さんに喜ばれ，働きがいのある仕事によって，彼は一層力を発揮していくのです．その喫茶店は，今では障害のある人たちの働く場となり，地域の人たちの憩いの場となっています．

　人は，自分や他人の不得手な部分に目が向きがちです．自分にも目の前の人にもいろんな可能性があるのに，その力に気づけないこともあります．その人の得意に気づき，その得手をどう生かすのか．苦手から得手に視点を変えることで，活躍の場は広がります．

　障害者権利条約は，「社会を豊かにするためにも，創造的，芸術的な潜在能力を開発し，活用する機会を」と謳っています．1人ひとりが自分の「好き」を発揮でき，得手を生かせる環境があれば，それはとても豊かな地域です．その地域をつくりだせるのもまた，私たちなのです．

（萩﨑千鶴）

20 マイナスから プラスへ

　私は1937年，北海道で生を享けました．生まれた時は仮死状態だったそうです．病弱で，小さい時はいつ死ぬかというような状態で家族に守られて，何とか命を長らえることができました．19歳の時に上京し，東京の喧騒の中で病気を発症します．

　23歳の時，救急車で精神病院に運び込まれました．注射を打たれて，気がついたら，窓がまったくない，70人くらいの人たちが入っている大きな病室に入れられていました．治療らしい治療はまったく何もありません．大部屋には布団がびっしりくっついていて，意志，意欲というものがなくなってしまいます．3年で退院しましたが，よく荒廃に至らなかったと思います．

　それから，精神医療に対する不信感が湧き，20年間，医療のお世話になりませんでしたが，働くこともできませんでした．自分の足できちんと生きたことがないわけです．そういう状態で，自分の人生へのほとんど100％に近い否定感しかなかったのです．

　「前科もの」という言葉があります．私は「前科もの」という烙印を押されたような感覚で生きていました．ですから，社会のすべてから隠れて生きていたのです．精神病を発病したことで，自分に対する価値が低下し，自分を惨めにしました．

　63歳の時に，自分の人生に新しい展開がほとんど期待できないというほとんど諦めの気持ちで，障害者団体に登録し，そこの事業所で

52

働くことにしました．最初は要領がわからなかったのですが，何か月かしたら，調理補助のまね事ぐらいはできるようになりました．

仕事から帰ってくると，1日外に出て行って帰って来た時の自分の感情が変わっていました．ああ，今日は生きたなあ，というような感情が湧いてくる．私たちは動物ですから，動く物と書きますから，働かないかぎり，そういう生活が日常の中になかったら，自己肯定の気持ちは湧いてこないのではないかと今は思っています．

働く日は1週間の中で1日ですが，5時間半作業時間があって，立ちっぱなしです．働く日がコンディションの頂点にくるように整えるようになって，自己規制ができるようになりました．働くところは私にとって大切な所，おもしろい所，楽しい所なのですから，そうなってから，確かにコンディションはよくなりました．

73歳の時に，日本の精神医療改革を目指す「こころの健康政策構想会議」[注]が発足しました．私は会議に構成員として参加しました．この会議は国民全体を相手にしているとわかってきて，私の個人的な問題意識とほとんど一致していました．これはたいへんおもしろい会議だと積極的になると同時に，気力が湧いてきました．構想会議が行われる都立松沢病院に着くと，それだけで自然と充実感がじんわり湧いてくる，そういう心境になれました．

私の人生相対的にマイナスばっかりだったんですね．障害のある人のあたり前の姿を知ってもらって人権を確立する運動につながっていくところだけがプラスなわけですね．ですから，人生の総和が，今までは98％くらいマイナスなわけですから，それがマイナスプラスゼロになるまで活動を続けていきたい，そういうふうに思っています．

（堀　澄清）

注）2010年4月に厚労大臣の諮問を受け，当事者・家族，医療・福祉の専門職，研究者等約90人の委員が63回に及ぶ会議を重ね，精神保健福祉改革を求める提言書をまとめ，「こころの健康を守り推進する基本法」の制定を求めた．

＊編集室注：堀澄清さんは2015年1月，78歳で亡くなられました．この文章は堀さんの著作である『やどかりブックレット25　統合失調症を生き抜いた人生』(2019) を元に，編集室が再構成したものです．

孤立させない

　ある女性は，自身も家族も障害を抱え，長年にわたって孤立無援の生活を送ってきました．健康悪化も重なり，生活全般が立ち行かなくなったため，福祉サービスの利用や医療機関への相談を提案しました．しかしどの提案も受け入れてもらえず，支援を拒否しているかのように思えるほどでした．そのうち体調はますます不安定になり入院．その間，自宅に残される家族のこと，経済的な問題や退院後の住まいの問題などを一緒に考えていくうちに，健康や将来への不安，こじれてしまった親子関係について話してくれるようになりました．今では，「何とか自分の力で頑張らなければと思ってきたが，家族だけではどうにもならない，風穴をあけたかった」と振り返ります．そして，困り事を相談し合える人や仕事仲間に囲まれ，生き生きと働き暮らしています．

　押し殺してきた本当の気持ちはすぐに言葉にならないのです．一見助けを求めていないように見える人でも，伝え方が分からないのかもしれません．たとえどんなに小さな声でも拾える感性を磨き続けていくことが，私にとっての終わりなき宿題となりました．

ヒント

　助けを求めていても声を上げにくい，声を上げていても届きにくい多くの人たちがいます．精神科病院に長年入院している人たちもそうです．

　20世紀初頭，精神病患者の私宅監置（いわゆる座敷牢）が家族

に課せられ，戦後しばらくして私宅監置の制度はなくなったものの，その後は精神科病院への隔離収容政策により，世界に類を見ない精神病床の増加を招きました．1990年代以降，地域生活を支える資源が少しずつ整備されてきましたが，まだまだ不十分です．そのため現在も，病状は安定し退院できるにもかかわらず，入院を継続せざるを得ない人たちが数多くいます．中には40年，50年と入院している人もいます．高齢化も進み，退院できないまま亡くなる人が少なくありません．病院で集団の生活をしていても社会から隔絶されて生きる人たちです．

　この患者さんたちに退院したいか尋ねると，「退院したくない」という答えが返ってくることがあります．何十年も社会生活から切り離され，家族とも疎遠です．「退院したい」と強く願っていた時には退院できず，いつしかあきらめ，そして地域生活への不安が大きくなっていくのです．

　精神科病院に長期入院中の患者さんたちと，長期入院を経験し，地域で暮らす精神障害のある人たちで交流会を開催しました．交流を続けるうちに，退院に後ろ向きだった人たちが「この人たちのように暮らしたい」と思うようになりました．あきらめずに働きかけていくことで，心にふたをして見えなくなっていた自分の願いに気づくことがあります．

　この人たちのことをどれだけの人が知っているでしょうか．まだ出会っていない，病気や貧困，孤立にあえぎ，苦しい生活を強いられている人たちがたくさんいます．自助・共助・公助……「自助」が強調されることで助けを求める声が上げづらくなり，ますます社会からその存在が遠ざかります．「貧困も孤立も自分の責任」とする「自己責任論」が蔓延する今だからこそ，互いに関心を寄せ合っていくことを大切にしていきたい．人々のつながりが連帯をつくり出し，あきらめていた願いに気づき，生きる力となり喜びを生み出していくことを信じていきたいと思います．

（中村由佳）

可能性を信じる

娘をとても愛していました．でも，愛し方が違っていたのかもしれません．親から愛され育てられた実感があまりないまま大人になった私との関係が，娘に大きな影響を与えたのではないかと思ってきました．年子の妹が生まれて，小さいうちから姉としての役割を求めすぎたのかもしれません．

2年続いたひきこもりから一転して行動が活発になった娘は，私に対して攻撃的になり，暴力も出るようになりました．私は娘の一挙手一投足におびえ，2人になるのを恐れてさえいました．そんな娘が，外出する時には私のスーツやコートを「貸して」と言うようになったのです．警察に保護された娘を迎えに行ったら，その時も私の服を着ていて……胸が詰まりました．

娘が不登校宣言をしてひきこもった14歳のあの日から，四半世紀にわたる家族の長い旅が始まったのでした．

ヒント

娘が統合失調症と診断され，誰にも相談できず，私たちは家族だけで何とかしなければと思っていました．娘はますます荒れていきました．ストレスが限界まで達したかのように物を壊したり，ベランダから飛び降りて骨折したり，警察を呼んで強制入院になったこともありました．

その頃は一日一日が精一杯で，とても先のことなど考えられない日々でしたが，同じ病気の子どもをもつ家族の集まりに参加すると，

まるで前から知っている仲間のように受け入れてくれて，胸から鉛が落ちたような心地がしました．家族が外とつながって，外の空気を持ち込むことで，家の中のよどんだ空気を晴らしていかれるとわかりました．家族は孤立しやすいけれど，いろいろな人に荷物を背負ってもらったほうがいいということも学びました．

　娘は入退院を繰り返した後の6年間，再び自室にひきこもりました．先行きが見えず，とてもつらい時期でしたが，ある日，それまで入れなかった娘の部屋のドアを開けたら，壁に張られた世界地図が目に飛び込んできて，救われた思いがしたのをよく覚えています．優しく思いやりがあり嘘がつけない真っすぐな性格で，人一倍の行動力をもっていた娘が変わってしまったわけではないと，確信したからでした．

　娘は38歳になりました．外に出る手段として休養入院した後は家に戻らず，ひとり暮らしに向けて準備中です．私はやっと自分の育て方を悔いることにエネルギーを割かなくなりました．今でも「よく頑張った」「よく死なないでいてくれた」「大切な存在だよ」と，娘を抱きしめてあげたい……いろいろな状態に落ち込むこともありますが，希望の光を失ったことはありません．

　精神疾患は病気そのものだけでなく，根底に難しい問題がありすぎます．病気のことをオープンに話せるような社会となるよう，私も勇気をもって，小さな一歩から始めていきます．

　娘の病気を治したいと，藁をもつかむような気持ちで北海道から沖縄まで，いくつもの病院や施設を訪ね歩いていた時のことを思い出します．娘との旅は，まだ終わりそうにありません．でも，可能性の芽は困難の中にあり，光を求めて成長すると今では信じることができます．

（新井照江）

23 手をつなぎ合う

　私のどんな言葉が息子を爆発させていたのか，もう思い出せません．ただ，少しでも息子の気持ちを落ち着かせようと同じことを言い続け，最後は言葉に詰まっていた印象だけが強く残っています．「俺を正論でねじ伏せようとするな！」──自分でもわかっていることを母親に指摘されるつらさをそんな風に表現していたのだと，今ならわかります．

　自律神経失調症という診断で休職中だった息子が，初めて胸のうちを明かしてくれたのは28歳の時．「心身ともに限界だ．もう動けない」という言葉とともに自室にひきこもってしまいました．「気力の出る薬をください．一歩を踏み出せる薬をください．どうしてもその一歩が出ないんです」と，主治医に訴え続けていたそうです．

　障害を認める気持ちと否定する気持ちが複雑に絡み合い，親子ともに気力が萎えていくのを感じていました．息子の部屋の扉だけでなく，社会との扉も閉ざされてしまったかのようで，この先どこともつながれないまま人生が終わってしまうのかと，思い詰めていました．

ヒント

　私たち夫婦は楽観的で，息子が休職した時も「そのうち復職できるだろう」と軽く考えていました．これは希望をもっていたからではなく，息子と正面から向き合うことを避けていたからだったのです．病気についての知識もなかったので，息子がどんな思いで

福祉作業所に通っていたかわからず，「お袋だったら1日ももたないよ！」という叫びにも，「そんなことないんじゃない？」などと，なだめるようなことしか言えませんでした．そして同年代で結婚しているような人と常に比較し，落ち込み，それが息子への対応となって現れてしまい，ますます溝が深くなっていったのです．

初めて家族会を知った時，私はもう70歳になっていました．みんな驚くほど明るくて，いっぺんに何本もの手が差しのべられたような心強さを覚えました．他の家族の壮絶な話を聞くと，「こんなに大変なのに，この明るさはどこから来るんだろう」と思い，わが家の悩みが小さく思えました．でも，何回か参加するうちに，症状は違っても底にある悩みは皆同じなのだと思い至り，誰かとつながっていることへの安堵感に満たされました．1人の手をつなぐと，それが波紋のようにひろがって，次々とつなぐ手が増えていくようでした．

家族会で，他人と比較してはならないこと，本人の変化を見つけることの大切さを学び，息子との手のつなぎ方も自然と変わっていったようです．私の変化を息子も感じ取ってくれたようで，会話と笑顔が少しずつ増えていきました．先日は「俺のおかげで家族会に入れたんだぞ！」と威張られました．「ごもっともです」と笑ってしまいました．

今，息子とうまく手をつないでくれているのは訪問診療の主治医です．息子が訪問を受け入れるのに半年かかりましたが，やわらかく受け止めていただき，私も知らなかったつらい経験を主治医にはポツポツ話すようになりました．

息子にとって，今はそれが精一杯なのかもしれません．でも，私は家族会を通して，つないだ手はまたどんどんつながっていくことを実感しています．今後は息子自身が，自分と考えの違う人とも素直な気持ちで向き合えるようになって，この先の人生をもっと楽に過ごせるようになることを，今度は本当の意味で楽観的に，見守っていきたいと思っています．

（坂巻正子）

地域の中にある

　ある日のランチタイム．20人も入ると満席の店内は8割がた埋まっていて，レジ前には会計を待つ人が並んでいます．レジ係の店員さんがおそるおそる会計システムのタブレット端末を手に取りました．そしてグウっと顔を近づける，離しては，また近づける（どうした，どうした？）．続いて眼鏡をオデコに上げる（そうか，文字が見えづらいのか…）．そのままゆっくりと人差し指でタップ…したかと思ったらタブレットがなかなか反応してくれない（大丈夫？？　誰か代わってやればいいのに…）．もう一度，慎重にタップ！　またタップ！　「ナポリタンで530円です」．

　ようやく会計が終わった店員さんに，お客さんたちは口々に「今日はメニュー間違えなかったね」「だんだんタブレットにも慣れてきたんじゃない？」なんて．お昼時に5分以上待たされても，ぜんぜんイライラしないんだ……

　ゆったりとした時間が流れ，なんだか妙に居心地がいい，不思議な喫茶店……その名は喫茶ルポーズ．来週もまた来てみようかな．

ヒント

　フランス語で「憩う」を意味するルポーズは，精神科病院へ38年もの長期入院をし，入院中にリハビリテーションの一環として院内喫茶で働いていたKさんの，「一人前の喫茶店，本物の喫茶店で働きたい」という願いから始まりました．

　ルポーズは精神障害のある人の福祉的就労の場でもありますが，

「障害者が働いている店だから，味もサービスもイマイチだけど，まぁ大目にみてやるか」とは思われたくないという心意気で，福祉や障害を看板に謳うことなく，営業を続けてきました．

　一時期は，ミスのない接客をして，きちんと収益を上げられてこそ「一人前の喫茶店，本物の喫茶店」だと考えて，躍起になって効率のよい営業体制を整え，従業員を訓練していました．彼らが次々と一般企業に就職していくと，これから経営危機が訪れるはずだ，失敗続きの接客に戻ってしまったのでは，せっかく付いたお客様が離れて行くだろう，と心配でなりませんでした．しかし結果はその逆で，来店客数は減少どころか上昇に転じたのでした．

　今では「客と店員」という関係を超えて名前で呼び合ったり，差し入れをいただいたりと，まさにご近所付き合いができるようになっています．毎日が失敗の連続であることに変わりはなく，一度でオーダーが済むことはほとんどありませんが，お客様は席からさりげなく様子をうかがってくれていたりします．「ここでご飯を食べたり，お店の人と話をするのが楽しくて，毎日通っていると聞いていました．亡くなる直前までとても楽しく過ごせていたんだな，と思います．本当にお世話になりました」と，ご家族が挨拶に来てくださったこともありました．

　この店は地域に見守られ，育てていただきながら，地域を見守っているとも言えるかもしれません．「一人前の喫茶店，本物の喫茶店」とは，そつなく接客できる店なのではなく，街の中にあり，街の風景に溶け込み，お客様が対話を通じて集い，憩い，楽しめる場所のことだったのです．この店独特の雰囲気と時間の流れが，お客様に「また来よう」と思っていただけているのかもしれません．

　「アメリカンをもっと薄くいれて」「野菜以外の食材は抜いて」「お冷に氷は入れないで」「コーヒーの量は半分で」など，お客様からのさまざまな要望にお応えしつつ，喫茶ルポーズは日々成長しながら，今日も営業しています．

（田中　学）

健康を守って働く

「生活のリズムを一定に保ち，そのことを大切にするためには，以前のようにあれもこれもという手の拡げ方は断念せざるを得なくなります．この手を拡げないことが自分の力量，自分の肩幅で生きていくことを可能にしてくれるものと思います．私は日常生活では常に相殺して75点主義を貫いています」

「75点主義」は，私が障害のある人とともに働き始めた時，長年その活動を担ってきた自らも精神障害のある大先輩から教わった言葉でした．

「もし私が病気をしなかったらと思うのです．祖母の理想とする生活を踏襲した超道徳的な，勝気でガリガリ亡者の，味も素気もない女になっていたと思えます」．彼女は本当は120％の力を出し切って仕事をしたいのかもしれない，病気があるゆえにそれが叶えられない悔しさを思い量るとともに，働き方，生き方の1つの姿を示してくれた彼女が深く心に刻まれました．

ヒント

私は，テストで100点取れないと悔しくて躍起になって勉強するような子どもでした．そこそこ「できる子」として育ちましたが，その「できる」は文部科学省の学習指導要領という狭い枠組みの中でしかなかったのです．「75点主義」から私が学んだことは，働き方そのものです．あれもこれも手を拡げてパンクしないように，優先順位をつけて，達成したらよくやったと自らを評価し，次に進む

といった対処法です．また，その人の得手に着目し，その人の生き方や願いを大事にしようという思いも込められています．

　一方「75点主義」は，社会への痛烈な警鐘でもあります．100点を取らないと褒められない社会では，褒められない人がたくさん出るのが必定でしょう．仕事で100点を取らなければ，会社の要請に100％応えなければと，無理を重ねて働かざるを得ない職場があります．それに拍車がかかると過労死にもつながりかねません．会社も厳しい競争の中で，働き手の健康や暮らしは置き去りにされがちですが，それは健全な職場とは言えないでしょう．

　働く中で傷つき，障害のある人の働く事業所にたどり着く人がいます．1日30分というような短い時間から働き始め，生活の中で無理のない働き方を見つけて，仕事を継続しています．彼は今の事業所が一番長く続いている職場です．なぜ続いているのかを問うと，「上下関係があまりない職場で，下からの圧力もないし，上からの圧力もなく，ストレスを感じなくてやっていける」「職員が上に立って命令しているわけでなく，一緒に汗をかいているのです」と話してくれました．また，「さらけ出せるというか，自分を表現できるというか，気持ちのいい場」であることが大切だと語ります．

　職場のあり方は大切です．話し合いを大切にした風通しのよい職場が，健康を守って働ける職場なのです．そして，自分が従事するその仕事が社会や地域にどう還元されているか，どんな役割を担っているか，実感できる職場であることも重要です．

　障害のある人が実現している働き方は，競争に駆り立てられている社会に新たな働き方を示唆しているのではないでしょうか．

（永瀬恵美子）

権利としての労働

エピソード

　私は以前，自動車メーカーの営業職として働いていました．入社2年目のある日，「明日から来なくていいよ」と上司が同期のS君に突然言い放ったのです．成績優秀だったS君が，初めて営業ノルマ未達成となった時でした．そして，S君は会社を辞めました．同期の私は何も言葉をかけられず，驚き，そして明日は我が身と思いました．会社とすれば，競争社会の中で営業職として生き抜くための指導だったのかもしれません．しかし，入社2年目の社員にはきつい言葉でした．成長の機会を得られる2年目と思っていただけに「会社の利益にならない営業マンはいらない」という説明に理解しながらも納得できず，怒りを感じ，安心して働ける環境でないと思い始めたのです．

　私はまだ社会経験が乏しく，労働者としての権利意識の不足もあり，会社側へ不満を伝えることができませんでした．一度のミスも許されない怖さ，競争社会で生き抜く人生への不安を抱きました．この経験から，共に働く人を大切にすること，社会の常識に縛られずマイペースに暮らしたいと強く思うようになりました．

ヒント

　ILO（国際労働機関）はディーセントワーク（働きがいのある人間らしい仕事の実現）を求めています．障害のある人がディーセントワークを実現するためには，障害者権利条約が求めているように障害を理由とした差別を行わないこと，そして，1人ひとりに合わ

せた合理的配慮が必要です.

精神障害のある人が働き続けるためには，1人ひとりの「働きたい」思いを尊重し，疲れやすさやストレスを感じやすいといった障害特性に配慮し，体調をコントロールしながら働ける職場であることが大切です．たとえば，初めての職場環境に慣れるまでや，退院後の体力回復を目的とした1日30分の仕事，一定の生活リズムを整えるために1日3時間で週2～3日程度働く，あるいは企業就労を目指すために1日6時間で週5日働くなど，その人に合わせた労働条件であることです．仕事に合わせた働き方でなく，その人の体調やできることに合わせた働き方を見つけることが大切です．

私の職場では，80歳を超えても「働きたい」気持ちを強くもち続けている人がいます．週1日たった30分の仕事ですが，働いて得た収入で大好きな新聞を購入することを楽しみにしています．働く環境があることは生きがいとなり，そして何よりも，高齢になっても働き続ける彼の姿は，一緒に働く仲間たちの希望となっています．

仕事に取り組むことより，人間関係への不安や戸惑いが大きい人であれば，まず食事を食べに来ることでその場に慣れることから始めます．同じ経験をもつ仲間がいること，働きやすく配慮された職場環境があることが，安心して働くことにつながっていくのです．仕事ができないと評価されるのではなく，仕事に慣れ，自分の仕事として実感できるまで1か月，1年と継続して，その人のペースで経験を積み上げていくことが許容される環境が必要不可欠なのです．

働く権利は誰にでもあります．いろいろな働きがあってよいのです．障害の程度や状態によって，いろいろな働き方があるべきです．そこに障害のある人の働く権利を保障する就労支援の果たすべき専門性があり，尊厳のある働き方を保障することの意味があるのです．

（金子　猛）

第3部

変える

学習と運動

　わからないことを「わからない」と言うこと，とても当たり前の
ことのようですが，私にとっては，当たり前にできることではあり
ませんでした．今まで一体何を学んできたのかと失望されるのでは
ないか，"わからない＝マイナスなこと"と考えていました．

　駅頭で障害のある人の生活実態を訴え，その改善を求める署名運
動を行っていた時，多くの人は素通りし，「自分には関係ない」「み
んな大変なのに贅沢だ」という声を浴びせられ，その声に何も伝え
られないもどかしさを感じました．　自身の視野の狭さと学習不足
を痛感したのです．でも一体何から知ればよいのか．当時の私は，
わからないと伝えることから逃げていました．

　私が入職した当時，若手職員中心の自主学習会があり，その場で
初めて疑問を投げかけた時，他の参加者が私の疑問を受け止め，丁
寧に答えてくれました．わからないことを他者に伝えることが苦手
だった私には，大きな出来事でした．こんなに気軽に聞いてよいの
かと思い，同時に，あらゆることを自分の物差しでしか考えていな
かったことに気づかされたのです．

　私自身，社会で起きていることに対して無関心で生きてきました．
無関心でいられたのは，世の中で起きていることをあまりにも知ら
な過ぎたからだと今は思います．知らないということ，無関心でい
ることはとても怖いことです．自分が知らないうちに物事が決めら

れ，気がついた時には悔やんでも後の祭り……．だから，私たちが生まれながらにしてもっている権利を守っていくためには，声を上げていくことが必要なのです．その声の数は多いほうが相手に届きやすくなります．自分とは関係がないと思えることも，深く知ることや見方を変えることで自分には無関係ではないと気づくことができ，それを自分事として考えるようになります．

　そして，自分自身が見ているものは，物事のごく一部であるということを自覚せずには，物事の本質に迫ることはできません．また，一部しか見えていないままにことを進めてしまえば，誤った方向に進んでしまうかもしれません．目の前のことに自分自身が向き合い，見ようとしなければ見えないのだと気づきました．

　物事の本質をとらえるには，多くの人たち（特に異なる考えを持つ人たち）と意見を交わすことが有効です．相手の考えを否定せずに尊重し，学び合うことで，自分1人では見えなかった部分に目を向けることができます．決してわからないことがマイナスなのではなく，わからない部分や双方の考え方の違いからできる溝を埋め合わせていく作業が必要なのです．その過程で出てくる共通項が本質に迫るキーワードになります．

　特定の人だけが生きやすい世の中であってはいけないし，誰かがこぼれ落ちてしまうことがあってもいけないのです．これからの社会を築いていくのは私たち1人ひとりです．そして，私の人生の主人公は私自身です．1人ひとりが自分の人生の主人公として，お互いの生き方に学び合い，権利を守っていく努力がこれからはもっと必要です．私自身もこの社会の一員としてその努力を続けていきたいと思っています．

（伊藤侑矢）

28 社会への関心

1912年，世界初の豪華客船タイタニック号がイギリスからニューヨークに向けて出航しました．「絶対に沈まない船」と宣伝され，富裕層の乗客は豪華な船旅を満喫するため，お気に入りの調度品を自分の船室に持ち込み，高価な絵画で飾りつけたのです．北大西洋上で氷山に衝突して沈没する日まで，乗客は夜ごとの晩餐や舞踏会に酔いしれていました．

1,500人以上もの命が犠牲となったこの大惨事には，いくつもの要因があるとされます．行く手に氷山が発見されても針路を変えずに航行し続けたこと，杜撰な設計，非常事態への備えの欠如，「景観を損なう」という理由で定員の半分しか装備されなかった救命ボート……乗客のいのちと安全より海運会社の利益を優先し，乗客乗員の誰もが自分の身の回りのことしか見ていなかったために引き起こされた悲劇でした．

障害者運動のリーダーの1人は，社会への関心を持つことの重要性をタイタニックの悲劇に例えて語っています．船室は私たちの日々の実践，船は国や世界，そして航路は政策や法律，社会全体の行方です．いくら自分の船室を居心地よくしても，船の針路が誤っていたら，氷山にぶつかって沈没してしまうかもしれない．

私たちはとかく目の前のことにとらわれ，それに一生懸命取り組むあまり，視野が狭くなり，その状況がどうして起こっているかと

いう本質をつかむことができなくなります．自分の実践の意味も見失ってしまうことになるのです．

　政府が発表する耳障りのいい政策も，よく見極めることが必要です．「全世代型社会保障」「誰もが支え合う共生社会」……いかにもよりよい未来が拓かれるかのようです．しかし，慎重に考えていくと，これらの言葉の裏には新自由主義の中で経済効率が優先され，人々の分断を招く社会のありようが隠されています．いのちと尊厳を軽視する社会と言ってもいいでしょう．今後は社会で当たり前とされていることを，見直し，疑ってみる視点がますます重要になっていきます．

　社会への関心を育み，その成り立ちを理解し，政策の方向性を読み解く目を磨くには，学習を積み重ねるしかないのです．歴史から学び，先達が記した文献を読むことも大切です．中でも共同学習は非常に効果的で，文献を読み合わせることで学びが深まることに加え，仲間の意見に耳を傾けることで，1人では気づけないことに気づき，自らの考えを問い直すことができます．その積み重ねが発想の転換を生み，社会の構造をとらえる視野を広げてくれるのです．

　障害者権利条約の基本は「環境によって障害は重くも軽くもなる」という社会モデルです．障害があること自体は変わらなくても，環境を整えることによって，その人の暮らしや人生は豊かになるということです．逆に，いのちや人権が尊重されない社会環境になれば，障害そのものは変わらなくても，生きづらさは増してしまいます．

　タイタニックの悲劇を私たちの世界で二度と繰り返さないよう，学習を重ねながら航路を見極め，時には航海士に「この航路は間違っている！　このままでは氷山に衝突してしまう！」と声を上げ，針路を正していかなくてはなりません．共に取り組む仲間を作りましょう．

（三石麻友美）

発想の転換

　人の生きる世界は，案外狭いもの．幼少の頃は親の考え，就職してからは会社の考えになじみ，自然と考えが固定していくことがあります．自分の知らない世界，必死に生きている世界があることを知ったのは，息子が統合失調症を発症してからです．一般社会や企業の論理で固まった親父の頭には，途方もない無力感しかありませんでした．その硬い殻を破ったのは息子の「なんで，俺を生んだんだ」という叫びでした．根源的な問いに，ごく普通に「人が生まれるのは奇跡に等しい，だから命は大事にしてくれ」と答えるしかなかったのです．息子の症状はよけい悪くなっていきました．そして私は，殻を破れないバカな自分が嫌いになりました．今思えば，「親父は，どう生きていくんだよ」という問いだったのだと思います．その問いは，私への贈り物だったということです．より大きな視野に立って，息子に向き合ってみたい．そう思いました．

ヒント

　ある日，家族同士が学び合う集まりに出席し，当事者の苦悩に寄り添うための多くのヒントを得ました．親が変わることも大事だと思いました．そして，精神的な不調を抱える子どもをもつおやじたちが月1回，集まることになったのです．親と子のさまざまな苦労を抱えて，おやじたちはこの集まりに飛んできます．「**絶望の　望を力に　おやじ飛ぶ**」　そこでは遠慮なく存分に話し，それを優しく受け止めてくれる仲間がいるのです．ある日1人のおやじが，「家

の息子は，父と母が仲良く会話していると，心が落ち着き気分が
よくなると言うんだ」と話すのです．定年後は妻が主役，夫が脇
役で「**うっかりと　反論すれば　倍返し**」で会話がかみ合わないこ
とも多いのですが，おやじ同士の話には多くのアイデアとヒントが
あります．たとえば，よいところをほめる．手伝いをしてくれたら
ありがとうと言う．笑顔で言う．息子も笑顔になるのでほっとする
……しょぼくれた様子のおやじが，心が軽くなり，元気に笑顔で帰
っていくのです．健康効果があり，気づく力，楽観力，包容力を得
るのです．

　特に私が変わったのは，息子を尊敬するようになったことです．
「精神障害がある．にもかかわらず，自分の夢を持っている」「にも
かかわらず，親孝行を考えている」．精神障害によってもたらされ
る生きづらさを抱えながら生きていくことにこそ，強さがあると思
います．精神障害という枠だけで見ると全体を見損なうことに気づ
きました．

　私たちが生きる社会は老年の山登りに似て，登れば登るほど息切
れするが，視野はますます広くなるのです．会社が社会の小さな一
部分であることがわかります．転んでもただでは起きない力，すな
わち老人力を実感しています．私自身は物忘れが多くなりました．
が，忘れることにも価値があります．「**人生に　忘れがあるから
救われる**」．変な遠慮がなくなり，もう見栄も体裁もいいやってな
り，むしろ感覚的に自由になります．頭はかえって開かれて，吸収
がよくなったり，新しいものが入りやすくなります．忘却力とも言
える力で踏み込むこの世界は，きついが新鮮な感じがします．

　世にはびこる常識や社会通念は疑ってみる（子どもは素直→実際
は嘘もつく，スポーツマンはフェア→いろいろな人がいるなど）．
物ごとを当たり前に見ないことが発想の転換になり，真実の発見に
つながるのではと考えます．

　「**凄いという　漢字の中に　妻がいる**」

（天笠明憲）

30 1人1人が主人公

　自分の生い立ちを知られないように生きてきました．他人から否定されるのではないか，傷つくことを言われるのではないかと，対人関係でいつも緊張を抱えていました．

　常に父親の顔色をうかがって過ごすような家庭で育ち，物心ついてからずっと，「私は不当な扱いを受けてきた」「私という存在を認めてほしい」「きちんと扱ってほしい」という思いを引きずりながら生きてきました．そして私は家族から距離を置き，過去を忘れて新しい経験を重ねていこう，そこから自分の本当の人生が始まるのだと思っていました．それまでの自分を認めることができずにいたのです．

　私はその後，ソーシャルワーカーとして精神障害のある人と一緒に働くことになります．ある時，彼らの体験発表を聞き，大きく心を揺さぶられました．精神病を発症したことで差別や偏見に傷つき，自己否定せざるを得ない経験を重ねてきたというのに，彼らはそういう過去も自分の人生の一部として，力強く歩んでいたのです．

ヒント

　社会福祉を学び始めた頃は，できないことや困っていることに手を貸すことが援助なのだと考えていました．しかし，援助関係は相手との対等な関係に基づくもので，対人援助の基本は自己理解と他者理解だと学びました．

　その本質を気づかせてくれたのは，ともに働く精神障害のある仲

間たちでした．彼らは自分の体験を語りながら，「私はこう生きてきたけれど，あなたはどう生きてきたのか，どう生きていきたいのか」と私に問いかけているようでした．だから，その仲間たちの前で自分の影の部分を話してみよう，そこに蓋をして関わっても本当の意味で一緒に生きることにならない，対等な関係を築けないと気がついたのです．彼らは私の話をただありのままに受け止めてくれました．

　私は彼らから，弱さを見せないことが強さなのではなく，受け入れられない過去や自分の弱さを認めながら生きていくことが本当の強さなのだと教えられました．等身大の自分を受け入れてもらえたことで，私も自分自身を認められるようになり，過去に目を背けていた時より楽に生きられるようになりました．喜怒哀楽を素直に感じ，表現してもよいのだとわかってくると，相手の心の深いところにある気持ちを少しばかり汲み取ることができるようになりました．

　20代前半の頃は，長期入院から退院し，一人暮らしができるようになるのは，ご本人にとって嬉しいことだと疑いもしませんでした．今なら，50歳代の男性が見知らぬ土地で暮らしていく不安や寂しさに心を寄せることができます．自分をごまかしたままで，相手を援助することなどできなかったのです．

　障害者権利条約17条は「個人をそのままの状態で保護すること」と謳い，互いのありのままを認め，尊重し合うことを求めています．1人ひとりがかけがえのない存在として尊重され，「自分の人生は自分のもの」「1人1人が人生の主人公」と心から思える社会……その実現は簡単なことではありませんが，精神障害のある人は私に「自分らしくありのままに生きること」の大切さを気づかせてくれました．障害のある人たちの再び生き直そうとする姿，自分らしく生きようとする姿を身近に見て，私も自分のことを肯定することができました．彼らとともに過ごす日々が，間もなく私の人生の半分になろうとしています．

（木村千夏）

31 内なる偏見と向き合う

　長女が統合失調症を発症して間もない頃，訳のわからない現実離れしたその言動を目の当たりにして，「こんな病気になってしまって，世間から後ろ指を指されながら生きていくしかないのか……」と絶望的な気持ちになったことを覚えています．長女の泣き叫ぶ声に耳を塞ぎながら，誰に何を言われたわけでもないのに，隣近所から白い目で見られているのではないかとビクビクして暮らしていました．家の中はどんなに大混乱でも，一歩外に出るときには，何事もないように平静を装って出かけて行く自分がいました．まるで固い鎧をまとって，世間の目から身を護るような生活だったと思います．

　あるときは長女から「私は，人には言えない，人を殺してしまうような病気になってしまったのか」と問い詰められたこともありました．本人も家族も，こんな風に考えて生活しなければならないことが，この病気や障害と出会ったこと以上につらく苦しいことでした．

　精神疾患のある子をもつ家族から「社会的偏見」という言葉をよく耳にします．社会に偏見があるから病気・障害のことは隠している……と．社会的偏見は確かにあります．けれど，自分もその社会の中で生きている一員だと思い至ったときに，誰よりも自分自身が精神の病気に対して，精神障害者という言葉に対して偏見をもって

いることに気づかされます．私自身にも偏見がありました．いつ，誰から教えられたという記憶もなく，精神病は怖い病気，鉄格子のある病院から一生出られない病気……だから長女がそうなってしまったと思い込み，つらく苦しい思いを抱え込みました．苦しさの一番の正体は自分自身の中に入り込んでいた「内なる偏見」だったのです．そう気づいたときから，少しずつ気持ちが軽くなっていきました．私がそのことに気づけたのは，「ひとり」ではなかったからです．

長女が発症した頃に関わっていたボランティア仲間に長女のことを打ち明けたことから，地域の同病の子をもつ人たちの集まりに出会いました．そこには，同じような体験をした人たち，しかも穏やかな笑顔の人たちがいました．すっかり気力を失くしていた私は，家族同士のさまざまな活動の中で苦しい胸の内を吐き出し，病気や障害について学びながらたくさんの仲間ができました．自分だけではなかった，また笑うことができる……そう思えるだけで，ふさぎ込んでいた気持ちが解放されていくようでした．

今はこう考えています．精神障害は，一生懸命に必死に生きた結果のことで，決して隠すようなことではありません．病状や障害はつらく大変なことがありますが，そのことを隠さなければならないと思ってしまうことが不幸を生み出す元凶ではないのか……長女に精神障害があることを隠すことは，長女の存在自体を隠すことにもつながります．だから，そのことを隠さないと決めました．

障害者権利条約8条には，『あらゆる活動分野における障害者に関する定型化された観念，偏見及び有害な慣行と戦うこと』とあります．社会への正しい知識の普及につながる行動に取り組むとともに，社会的偏見をなくしていくためにも，まずは自分自身の「内なる偏見」に気づき，隠さない選択をすることが自分にできる内なる偏見との闘いの1つだと思っています．

（岡田久実子）

32 障がいのある人と災害

　街があった場所には津波で流され倒壊した家々の残骸が広がり，避難所は狭いスペースで窮屈に耐えしのぐ被災者で埋め尽くされていました．2011年4月に見た東日本大震災被災地の光景の断片です．しかし，障がいのある人はどこに……．現地のソーシャルワーカーらが支援する人以外，避難所等で障がいのある人が見当たりませんでした．避難所を巡回していると，「ここ（避難所）にはそういう人はいませんから大丈夫です」とある住民代表の方に言われました．その言葉に違和感を持ったのですが，その背景を考えると，そもそも障がいのある人が避難できるような配慮や環境がなかったので，避難をためらう人やできない人がいたのは必然でした．障がいのある人にとって，移動，トイレ，食事，睡眠など生きるために必要なことを阻む極めて厳しい避難所の環境を目の当たりにしたのです．「これがあたりまえではいけない，でもどうすればいいのか」とたじろぐ気持ちがあったのです．

ヒント

　障害者権利条約11条では，災害などの危険な状況が起こったときに障がいのある人の保護や安全を保障することが求められています．2030年までの国際的な防災指針である「仙台防災枠組」では，防災や災害後の復興を計画や実施するときに障がいのある人が参加することが求められています．

　しかし，災害時の危機的な状況の中で，障がいのある人は取り残

されがちだった，という歴史的な事実があります．東日本大震災では，障がいのある人々の死亡率は，その他の人々と比べて，約２倍であったとさえ言われています．また，多くの避難所にはバリアフリーな環境がなかったため，車中泊や全半壊の自宅でぎりぎりの生活を余儀なくされる障がいのある人やその家族もいました．障がいのある人の生活を十分に考慮しない平時の社会のあり方が，災害時により大きな問題を生むのではないでしょうか．

　障がいと災害の取り組みについて２つの必要な視点があります．その１つは，災害時に，障がいのある人のいのちや人権を守ることです．これまでの災害では，発災直後，避難期，復興期の至るところで，障がいのある人への適切な配慮がないことや，後回しにされてしまうことが現実に起こりました．それを繰り返さないために，災害が起こる前に，障がいのある人や社会で取り残されがちな人が直面すると考えられることを，防災や減災の取り組みに含めていくことが重要です．そして，障がいのある人が災害に関連するあらゆる計画や実施に主体的に参画できる環境づくりが必須です．

　もう１つは，災害が起こってしまった後ですが，地域社会が元に戻るのではなく，よりよい地域社会づくりを目指す（ビルド・バック・ベター）という視点です．障がいのある人が参画し，障がいの有無にかかわらず，誰もが暮らしやすい地域社会をみんなでつくっていく，という視点と取り組みが必要です．障がいのある人が通常の支援を活用しても避難や生活の再建が難しいのならば，社会に障壁（バリア）が元々あったと疑うほうがよいでしょう．段差によって移動や避難できないような物理的な障壁，十分な情報が得られない障壁（音声案内，わかりやすい文字やデザインによる案内の不足等），一般の制度や仕組みの通りにできない障壁（利用不可な避難所等），差別や偏見，無関心のような心の障壁……．それらの障壁をみんなでなくしていくことは，障がいのある人だけではなく，高齢者，妊婦や乳幼児連れの人，外国人を含む，誰もが住みやすい社会づくりの第一歩です．

（東田全央）

33 障害の体験を強みに

「自殺するような奴のことなんて誰も信用しない」「君の代わりはいくらでもいる，でも君がいるから新しい人を入れられない」

これは私が精神疾患で入院した時に当時の医師と上司に言われたことです．私は長い間自分の障害を受け入れることができませんでした．私には何の価値もない，私の人生に意味なんてない，そんなふうに思って下を向いて歩いてきました．そして，私が「障害がある人」になった時に思ったことは「自分はなんて不幸なのだ」「自分は何か悪いことをしたのだろうか」ということです．そうして落ち込んでいるとだんだんと怒りが湧いてきます．「なぜ自分がこんな目にあわないといけない」「周囲の人間が，社会が悪いからだ」

そして行き場のない怒りは最後には自分の人生の諦めへとつながっていったのです．

ヒント

一般的に障害があるということはマイナスだと思われるかもしれません．「大変」「かわいそう」．そんなイメージがあるのかもしれません．でも私は必ずしもそうではないと思います．障害があっても自分らしく，楽しく生きることはできると思うのです．

私の転機は，自分の病気や回復の体験を大勢の人の前で語ったことです．人前で話すことが苦手な上に自分の体験を語る，とても自分にはできないと思いました．でも断り切れずにやることになり，発表してみると周囲の反応は自分が予想したものとは違っていまし

80

た.「よかったよ」「大変だったね」「感動した」.もしかしたら自分
の体験が誰かのためになるのかもしれない,そんなふうに思えるよ
うになった私は,少しずつ上を向いて歩いて行けるようになりまし
た.自分の体験を語り,周囲の人がそれを受け入れて評価してくれ
ることで私の人生,つらい経験にも意味があったのだと思えるよう
になりました.

　確かに「障害のある人」になったことで失ったものはあります.
でも「障害のある人」になったからこそ独りよがりの考えではなく,
弱い立場の人のことも含めていろいろな立場に立って物事を考えら
れるようになったのです.

　今,私は障害のある人たちが働いている事業所で仲間のサポート
をする仕事をしています.同じ精神障害を経験したことで自分が体
験したこと,たとえば医師との付き合い方や不安との付き合い方を
共有することもありますし,自分が経験したからこそ仲間の体調不
良や悩みに気づけるようになりました.これは私にとって仕事をす
る上での強みになっています.前の私だったらこの仕事をしている
なんて想像していなかったと思います.

　以前「今幸せですか」と聞かれたことがあります.当時の私は「障
害があって下を向いているのにそんなわけがないだろう」と憤って
いました.でも今は自分の人生もまんざらではないと思えるように
なりました.

（加藤康士）

34 粘り強く／
あきらめない

　結婚を機に7年勤めた都市銀行の外国為替部門を退職し，穏やか
に暮らしていた私は子育ての合間に，ある障害支援団体でボランテ
ィアをすることになりました．初めてその団体を訪れた時のことで
す．昼になると，印刷で働いているのかインクで染まったエプロン
をつけた人や，グループ活動をしていた人など，利用者とも職員と
もつかない人々がどこからともなく集まってきて，食事をしながら
の連絡会が始まりました．たいして面白くもないささやかな出来事
が誇らしげに次々と披露され，それに対する拍手や暖かい声掛けが
ある空間は，私には何とも共感しがたく居心地の悪いものでした．
　この時まで，私は福祉とは無関係に暮らしていました．支援がな
くては生きていけない人々の存在は知っていても，何かに圧迫され
ていたり，あるいは差別され生きていくことが精一杯な，いわゆる
社会的に弱い人々は私の視界にはなく，思考の外にありました．
　あの日，私は「福祉的思考」の世界と出会い，それまでのシンプ
ルに考えられていた人生は複雑になり，深まっていったのです．

　私が30年間勤務することになるその団体は，設立当初より平等
な民主的組織運営を指向しつつも，「必要な活動を生み出していく
運動体であれ」という信念をもつ創設者の強いリーダーシップに導
かれていました．福祉の専門家ではない私はどんなにあがいてもそ
の本質が自分の手の中にあるという実感はなく，この組織の中に

身を置き自分の意志をもって行動するだけの自信がありませんでした．私が部分の活動を担うだけでなく，全体を意識し，組織のありようを恒常的に考えつつ仕事を進めるようになるまでには，かなり時間が必要でした．

　総務の担当として組織運営に直接関わるようになるにつれ，組織の向かう方向をリーダーが決定しその指示命令で動くのではなく，関わる人みんなの対話と共感をベースに共に考え決定したいという欲求が，高まっていきました．人間の尊厳に立脚した対等な活動でありたい，誰か１人が酌量（しゃくりょう）した上での判断ではなく，行われた決定は組織として公明正大なものにしたいという強い願いが私の中に生まれたのです．そして，民主的な組織の基盤整備と環境整備に取り組んでいくことになります．その経緯は平坦ではなく，30年をかけて勝ち取ってきたもので，この間に関わった人々の多くの努力，奮闘を形骸化させてはならないと思ってきました．

　ところで障害のある人とそれを支える人たちは，生きる権利を勝ち取るために闘い，制度を作ってきました．しかし，21世紀からの規制緩和・市場中心主義の流れが福祉の世界を巻き込み，先達たちが戦後営々と築いてきた制度が崩されようとしていました．福祉は相変わらず貧しく，目の前のことに疲弊し余力のない現場でしたが，なればこそ，「人間の尊厳」「人間らしく生きていく」という問題から目をそらさずに本質をじっくり考え，ごまかさず愚直に力強く行動することで，厳しい状況を切り拓こうとしてきました．私もいつしか，障害のある人も，その支援者も，１人の人間として自分らしく働き，生きていける社会であること，そのための地域づくりを志向することに迷いがなくなりました．

　私が足を踏み入れた「複雑な世界」は，私がいてもいい場所であり，自分の力を発揮できる場でした．私は結局，そういう場所を探していたのだろうと思います．

（浅見典子）

創 る

必要なものは
創り出す

　重い脳性マヒのある13歳のA子さんが，大きく口を開け弱々しく泣き続けています。「近所の歯医者さんはどこも診てくれなかった。『病気（障害）が治ってからきなさい』とまで言われた」と，母はただオロオロと涙しています。施す手もなく長年放置された大きな虫歯の穴からは，膿が出ていました。今から48年前，私は保健所の精神衛生相談員（第1期生）として働き始めたばかりでした。

　私は急いで仲間の保健師の所へ飛んで行きました。彼女は素早く大阪府下唯一の，A子さんを治療してくれる障害者歯科を探してくれました。気がつけば幼児教室の多くの子たちに虫歯があり，所内で虫歯予防教室を始め，これをきっかけに親たちの声が高まり，町長に障害児（者）歯科診療所設立請願書の提出になりました。

　小さな町で起こったこの運動は，わずか2か月半で町立病院歯科に専門医を迎えての障害児（者）歯科診療の場を実現したのです。A子さんを治療して下さった歯科医に啓発された親の会・保健師さんと私の，「必要なものは創り出す」初体験でした。

ヒント

　公務員を早期退職し，現在まで60年近くソーシャルワーカーとして働いてきました。この頃，精神障害のある人の居場所は巨大化した精神病院か，自宅内の座敷牢しかありませんでした。

　私は転勤するたびにその地域に家族会を組織し，学習を重ねながら作業所やグループホームを作り，家族会の施設建設活動にも参加

しました．まだ公的補助がなにもなかった時代です．早期退職後は精神障害者福祉事業やひきこもりの人の居場所づくり等，失敗も繰り返しながら創り続けてきました．

　人は社会の中でしか生きられません．精神障害のある人も認知症の人も，障害をもつ子どもたちも，人との交わりと，自分が何かの役に立っていると思えることで社会的に生かされていくのです．私たちソーシャルワーカーが社会の中にたった1つでも受け入れ先を用意すると，人々はそこを足掛かりに自分で立ち上がろうとします．そこに少し手を添えて励ましをする，それが生活支援であり，ソーシャルワーカーの使命なのです．

　資源づくりには資金づくりの苦労がつきものです．また，大切に育てた組織や人材が，行政の介入でたちまち崩れてしまうこともあります．この段階で「やっぱり無理」と手を引いてしまってはいないでしょうか．それはソーシャルワーカーとしての責任放棄です．公的資金は重要ですが，当事者や家族が日常的にバザーを展開したり，講演会を開いたりしてコツコツと貯蓄した財源づくりにも大きな意味があります．

　改めて考えてみると，福祉的資源に当事者や団体が常に出入りしていると，地域住人の目に留まります．「ここは何？」と問われたらチャンスで，そこから市民の関心が向けられるようになるのです．バザーの商品が集まり始め，やがて行政の耳にも入り，好意ある情報が流れてきたりします．

　資源は作って終わりではありません．A子さんの虫歯治療から始まった歯科診療センター創設のように地域に役立ち続けていくためには，その根底にある自分たちの活動理念を公私ともに磨き続ける必要があるのではないでしょうか．地域に根づく資源を育てるのは人なのです．

（石神文子）

政策提言

　2006年4月，障害を自己責任とする法律，障害のある人が食事や排せつなどの生きるために必要な支援をサービスとみなし，障害が重い人ほど負担が重い「応益負担」として，利用料を求める法律がスタートしました．障害者自立支援法（今の障害者総合支援法）です．福祉作業所で1か月働いて得る工賃よりも高額の利用料を払う人も出てきました．退所したり，必要なヘルパーを断ったり，障害のある人たちのいのちにも関わる法改正でした．

　これでは生きていかれないと，全国の障害のある仲間，家族，職員が「私たち抜きに私たちのことを決めるな！」と立法府（国会）に法改正を求めました．利用料負担は軽減されたものの，仕組みは残されたままです．次の行動は司法に訴えることでした．全国の71人の原告が障害者自立支援法違憲訴訟に立ち上がりました．原告を応援する仲間たちが広がり，諦めない運動の力は，勝利的和解へ，そして国と訴訟団の基本合意に結実しました．国はその基本合意文書で，新法制定にあたっては，障害者の参画のもとに進めると約束しました．

ヒント

　国は訴訟団との約束を果たすために，総理大臣を議長に内閣府に障がい者制度改革推進会議（2010年〜2012年）を発足させました．その推進会議のもとに設けられた総合福祉部会は，構成員55人という大所帯であり，約半数が障害当事者や家族で，学識経験者や事業者，自治体の首長等が参加しました．障害者自立支援法について

異なる意見をもつ人たちが同じテーブルにつき，障害者自立支援法に代わる「障害者総合福祉法」を検討する機会が実現しました．国から政策提言を求められたわけです．

行政の作成した事務局案を審議する従来の進め方ではなく，構成員が議論を重ねながら，新たな法制度を創るという画期的な取り組みでした．55人もの多様な人が参加しているので，対等な立場で議論するための合理的配慮も多岐にわたっていました．盲ろう者には指点字，聴覚障害者には手話通訳，難聴者には要約筆記，知的障害のある人には要点をわかりやすく説明した「わかりやすい版」が用意されました．話し合いの途中に，イエローカードを掲げて「もう少しゆっくりわかりやすく」と伝え，レッドカードで「わからない」と意思表示することもできました．

そして，障害者権利条約と基本合意文書を指針として，2011年8月30日，55人の総意として「骨格提言」がまとめられました．新たな障害者総合福祉法がめざすべき目標，①障害のない市民との平等と公平，②谷間や空白の解消，③格差の是正，④放置できない社会問題の解決，⑤本人のニーズにあった支援サービス，⑥安定した予算の確保，の6点が明記されました．しかし，障害者総合福祉法はいまだ実現されていません．

骨格提言は，障害の有無にかかわらず個人として尊重され，真の意味での共生社会を実現するためのロードマップです．異なる立場や意見をもつ55人が議論し，違いを認め合い，障害のある人を主体とした共通する思いをまとめあげたものです．この政策提言を実現する責任は行政府，立法府にあり，立法府で法律を審議する議員を選ぶ権利は私たちにあります．その権利をどう行使するのか，まさに私たち1人ひとりの選挙行動が問われています．国民や世論の理解と共感を得て政治を突き動かすことが必要なのです．市民からの政策提言もその1つの手段です．私たちが生きる社会をどう創って行くかは，私たち1人ひとりの行動にかかっているのです．

（大澤美紀）

第4部

創
る

37 声を上げる

　ある支援者の「なぜ家族はもっと動かないの」という言葉には傷つきました．そして，家族が実情を語らない限り，理解されないことを思い知らされました．精神疾患を発症したばかりの子どもから受けた暴力など，人にはとても話せない恥ずかしいことととらえている限り，実態はわかってもらえません．初めて参加した家族会では，人の話は聴きたいけれど自分のことは話したくないという人が大多数でした．私は息子が興奮して家を壊したこと，ちょっとした言葉にイライラする息子に危険を感じ，とうとう医療保護入院に至ったこと，そして退院後の家族関係に不安を覚えていることなどを話しました．今後どうなるのか，どうすればよいのかを知りたかったのです．実態をさらけ出さなければ，家族同士の体験を生かし合えないと感じていました．

　家族会活動を続け情報交換をするうちに，精神障害のある人やその家族を取り巻く理不尽な実態がはっきりしてきて，とうとう新宿駅前という巨大な広場で街宣車に乗り，精神医療改革を訴えるまでになりました．意外に恥ずかしさは感じませんでしたが，関心を寄せないまま通り過ぎる多くの人たちを見つめながら，かつて精神疾患は無縁と思っていた過去の自分を見たように感じたことを覚えています．

　同じ立場の家族の集まりがあることを知って入会したのは50歳の時で，それから25年が経ちました．家族会には，誰もが不安を抱え勇気を振り絞って，ようやくの想いで参加するものです．ちょっと

先を行く先輩が今後の見通しを説明し，自分たちも真っ暗なトンネルを抜けた今，落ち着きを取り戻して気長に見守っていること，それぞれが会得してきた対応策を伝えた時に，不安に満ちた家族もほっとした笑顔を見せてくれます．参加してよかったという様子が見えた時は，こちらも嬉しくなります．個々の悲しみや恥ずかしさを脱ぎ捨てた時こそ，喜んで仲間入りをして活動に参加してくれます．

　元気な家族が増えるにつれて，問題山積みの社会のあり様や家族が置かれた非情な立場を理解し合い，偏見を恐れずに動き始めることもできるようになります．家族が抱える困難は社会の仕組みに原因があること，自ら解決策を求めて動かなければと考える人が増えてきて，今活発な会になったと自負しているところです．

　社会の仕組みを変えるには，家族だけでなくさまざまな立場の人たちと連携して声を上げていくことが大事だと思い至りました．数年前，増えすぎた精神科病棟を住まいに転用しようという政策が打ち出された時には，家族会はこぞって反対の意思を表しました．関係団体と協力し，県や市の各会派の議員たちにこの問題を伝え，集会を開いて社会に訴えたのです．3,000人が集まった日比谷野外音楽堂の壇上に上がり，全国の家族会，精神障害のある人の施設の関係者，精神科医療関係者，他の障害分野の人たちなど幅広く連携して行動しました．新聞やテレビでも取り上げられ，社会の人たちに実態を知っていただく機会になりました．社会問題化したことで病棟転換型居住系施設は実現せず，その制度もなくなりました．これは，声を上げた成果だと嬉しく思っています．

　現在，当事者・家族が参加する国や自治体の会議も増えて，当事者や家族が経験してきた真の状況を伝える機会があることも，長い間の働きかけの成果だと受け止めています．偏見にみちた社会を変えて，医療や福祉の充実を求め続けることが，精神障害のある人が安心して生きていける社会に至ると信じて，今後も活動に参加し，声を上げ続けていきます．

（飯塚壽美）

38 家族依存からの脱却

10代に精神疾患を発症し，ずっと家族に頼りきりで生活してきた彼は，親子喧嘩も頻繁で，入退院を繰り返してきました．30代のある日，両親と喧嘩をして「出ていけ」と言われたことをきっかけに，一人暮らしを目指して体験型住居の利用を始めました．衣食住のすべてを家族に支えてもらっていた彼にとって1つひとつが初めての体験でした．当初は1人でいると不安になり，家族に毎日何度も電話をするなど，ご両親はこれなら一緒に住んでいたほうがよかったかもしれないと思うこともありました．しかし，徐々に自分なりのペースを掴んでいき，1年後にはアパートでの一人暮らしをスタートしました．今では，作業所の友人とお互いの家を行き来したり，家族とも近況の報告をしあいながら一人暮らしを満喫しています．一方で，ご両親は落ち着いて暮らしている彼を見て安心し，思い切って他県に転居，第二の人生を歩み始めました．彼も旅行がてら遊びに行けることを楽しみにするようになりました．親子喧嘩も変わらずありますが，彼も家族も新たな形での自分の人生を歩み始めています．

ヒント

2016年3月，認知症高齢者の鉄道事故に関する最高裁判決がありました．認知症高齢者が線路内に立ち入り，電車にはねられ死亡した事故について，鉄道会社が家族に対して損害賠償請求訴訟を起こしたのです．争点は認知症高齢者の家族（配偶者や長男）の監督

義務でした．第一審，第二審では「目を離さず見守ることを怠った」として，配偶者（要介護1）の責任とされました．このことでさまざまな議論が沸き起こりました．もし，認知症高齢者の事故が家族の責任になると，事故を起こさせないために家や施設に閉じ込めることになりかねません．人が地域で生きる権利を容易にはく奪される社会となる危険性を孕んでいます．最終的に最高裁は，配偶者も長男も監督義務はないとの判決を下しました．

　障害のある人の家族も，家族が本人を支えることが当たり前といった考え方に立った法制度や考え方に縛られ，苦悩します．精神科病院の医療保護入院制度もその1つです．入院について本人の同意が得られない場合，家族にその判断や責任を課す制度といってもよいでしょう．この制度が本人と家族の関係に大きく影響するのです．明治時代から続く民法877条の扶養義務，あるいは為政者が求める自助共助に代表されるように，「家族のことは家族の責任」という社会の風潮は根強く残っています．

　しかし，障害のある人は保護の対象ではなく権利の主体であり，そもそも家族に監督されるものではないのです．障害のある人の日常的な生活を支え続けている家族の苦労や悩みは大変深刻で，EUの国々では，家族もケアを受ける権利を有するととらえ，家族を支援する制度があります．

　家族は家族が歩みたい人生を歩んでいい，家族は家族でいていい，そうした考え方は，お互いの人生を豊かにしていくことにつながっていくはずです．家族依存を脱却し，障害のある人もその家族も自分の人生の主人公として，必要なサポートを選択できる，自分らしく生きられるために環境を整えていく責任が社会にはあるのです．

（鈴木裕貴）

第4部

創る

 働くことの価値

（永瀬恵美子）

インクルーシブな社会

エピソード

　私はサラリーマン家庭から農家になりました．初めは開墾作業からスタートして，畑の片隅に抜いた雑草などを置いておきました．1年ほど経ってその積んでおいた雑草を掘り返してみると，なんと下のほうは完全に「土」になっていました．その下のほうの「土」と上にのせてある枯れた雑草との間に，未熟な土になりかけの層がありました．そこに「土」を生み出す秘密があるはずだと掘り返してみると，そこにはコガネムシの幼虫やミミズ，ヤスデ，ハサミムシ，ダンゴムシなどたくさんの虫がいたのです．どうもこの子たちが枯れ草を食べて，「フン」をしたようです．つまりこの「フン」が「土」だったのです．

　農業界ではコガネムシの幼虫は害虫です．でもコガネムシは土を作ってくれる大切な役目がありました．畑でコガネムシなどが出ないようにするには，肥料や堆肥が土に分解されるのを待つことです．完全に土にしてくれるのを待つだけで，野菜は綺麗に育ちます．自然界に無駄な生き物なんて存在しないし，みんないることがより豊かな自然になるのだと思いました．

ヒント

　私たちは効率的な社会，生活は豊かさを生み出すと思いここまでやって来ました．効率を求めることは必然なことですし，必要だと思います．しかし，この暮らしは私たちが求めていたものとは少し違いました．物が豊かで，休みもあって，行きたいところへ行けて，い

ろんな体験ができる……これはある部分で達成されたかもしれません．でもまだ幸せや豊かさを実感するまでには到達できていません．

　私たちは視野をもっと広げる必要があるのではないでしょうか．人間のことだけを考えていたり，自分が生きている間だけの幸せを望んだりしていては，本当の豊かな社会とは思いません．たとえば，自分以外の生き物が倒れていった時，自然界ではその役割の生き物がいなくなるということです．たとえば，虫がいなくなれば，フンが減るので土が痩せていきます．また，土壌中の微生物が減れば，土壌微生物から養分や水分をもらっている木々は枯れていきます．地下水に水を送り込む森が枯れると，雨水が表面を流れ土砂災害が頻発します．このように人間だけのことを考えていては，自然から生まれた人間は，生きていけないのです．所有権で分断する土地や国というのは人の都合であって，自然界の水，空気，虫，土，太陽にとっては，どこにも境なんてないのです．自然界にも微生物コロニー（かたまり）や育児をする巣という分断はありますが，それ自体は自然の中で融合しています．

　人の社会もみんなお役目があって今ここにいるはずなのに，人の頭で考えた効率のよい社会では分断や差別，判別や評価が起こり，本来もって生まれた力を発揮できていない人で溢れています．もっと広く，人の暮らす地球をみてください．そこには無駄のない生き物のネットワーク，共生が存在しているのです．人の社会もこの自然の摂理を参考にすることが，次なる豊かさを実感できる社会に近づくのだと思います．その生き物がその生き物らしく輝けるような暮らしが，幸せの近道です．私たち人間には，自分も含めた生き物を幸せにする能力が備わっていると思います．人間同士が協力をして，地球の生き物が輝ける「インクルーシブな暮らし」を創り出しましょう．

（明石誠一）

41 共同創造
(コ・プロダクション)

　私の所属する団体の理事会は職員，利用者（メンバー），家族，学識経験者などで構成されています．私がメンバーとして理事になったとき，「理事会は職員が中心に進めていて，メンバーの参加は形式的なのではないか」と思っていました．実際に参加してみると，以前から理事を務めている先輩メンバーや家族，理事長をはじめとする多くの理事が，団体の運営について自分のこととして議論していました．私は形だけだと思っていた自分が恥ずかしくなり，積極的に理事会での議論に関わっていこうと思いました．

　私が理事になって最初に審議されたのは，土地を所有し，新たなグループホームを建てることについてでした．理事会でも土地取得のこと，借入金の返済のことに加え，家族からは親が亡くなった後に子どもたちが安心して暮らせるように，メンバーは自分たちが歳を重ねても自分らしい暮らしができるようにと切実な意見が出されました．

　病気になった人と医師や支援者は上下関係になりやすいといわれています．実際，私も精神疾患にかかっていろいろな医師と出会いましたが，多くの医師とは上下関係に近い関係でした．しかし，ベルギーの精神医療改革を学ぶ中で「共同創造（コ・プロダクション）」という言葉に出会います．

　ベルギーやEU諸国では，障害のある人が医師や支援者と関わる

ときに対等な関係で意見することが当たり前になっています。また
障害に関係する政策を考えるときには，必ず障害のある人やその家
族が参加することになっています。そのため障害のある人やその家
族は学習して，専門家と対等に議論できるように努力することが求
められます。日本では何かを決めるときに，その当事者が会議に参
加することは必ずしも必要とされません。まして障害分野では，政
策を考えるときに医師や専門職，行政の担当者だけで決めることも
多いようです。そのためベルギーでの実践は私にいろいろなことを
気づかせてくれました。

　障害者権利条約の策定過程で，障害のある人たちが「私たち抜き
に私たちのことを決めないで」と主張し，障害のある人たちの参加
や意見が大切にされてきました。それは障害者権利条約の基本でも
あるのです。言い換えれば「私たち抜きに私たちのことを決めてい
る」国が多いのかもしれません。私の所属する団体では創設時から
協働の組織づくりが重視されてきました。当時は精神障害に関する
福祉制度がない中で，メンバーと職員は支え合いながら組織を作っ
てきたのです。

　社会には営利・非営利問わずさまざまな団体や組織があります。
多くの団体や組織で関係者が対等に協働の組織づくりができれば，
今よりももっといい社会になっていくはずです。もちろんそのため
にはお互いが学習して，情報も機会も対等にしていくことが必要だ
と思います。共同創造とは，コミュニケーションを何よりも大切に
し，互いの経験を尊重し合い，学び合うことで，生まれるものなの
です。

（加藤康士）

もう1つの価値

「あなたはいいよね．大学を出て，結婚もして，仕事もできる．私は10代で病気になり，高校は中退し，仲間と出会ったこの場しかない．働いてお金を稼ぐこともできない．あなたが発言すると，反論もできないし，言いくるめられてしまう．あなたと一緒にいるのはつらい．私たちのことなんか，何もわかっていない」

　同年代の精神疾患の経験をもつ人からぶつけられた言葉でした．経済的な苦労，大きな挫折も知らずに歩んできた私にとって，「あなたと一緒にいるのはつらい」という言葉は，私のそれまでの価値観をガラガラと崩すことになったのです．なぜなんだ，私は何を間違えてしまったのかという思いがぐるぐるとめぐったのです．そして，いったいどんな言葉を発したらよいのか，どう行動したらよいのか，途方に暮れたのです．思考停止でした．そこから先輩職員の力を借りつつ，聴くこと，確かめること，考えることを始めたのです．

ヒント

　「あなたのお師匠さんは目の前の患者さん」……学校で学んだことは横において，まず目の前の人から学ぶことが最初の一歩であり，この学びには終わりがありません．自分自身の狭く固い価値観を自覚し，人間の多様性に気づき，さまざまな生き方を認め合い，社会の障壁をどう減らしていくのかを考えていきます．それは，生産性や効率性を重視し，競争原理を土台にした社会とは対極にある社会を求めているわけです．強者の論理を土台にした社会の見直しを求

めていくのは容易なことではありません.

　しかし，私たちは過去の出来事から多くのことを学ぶことができます．その1つが，つい先ごろまであった優生保護法（1948〜1996）下の強制不妊手術です．戦後の人口増加と食料難が深刻化する中で，不良な子孫の出生防止を目的にした政策でした．必要ないのちと不要ないのちの選別でした．困ったことに，この思想は過去のことではありません．2016年7月26日，重度の障害のある人が入所している津久井やまゆり園で，元施設職員が19人の障害のある人を刺殺し，26人に重軽傷を負わせる事件が起こりました．犯人は，言葉を発することができない重度の障害者は生きる価値がない，だから国に代わっていのちを奪ったというのです．社会を震撼とさせる事件でしたが，この犯人の特異な思想と言い切れないのが今の社会の現実です.

　国際障害者年の前年に出された行動計画（1980）には，「ある社会がその構成員のいくらかの人々を閉め出すような場合，それは弱くもろい社会」とあります．私たちは弱くもろい社会に生きているということを自覚せざるを得ません．今般のCOVID-19の感染拡大は，そのもろさを見事に露呈させたといえましょう.

　一方，不安定で不透明な社会の中で，障害や疾患を経験し，そこから生き直そうとしている人たちがいます．そこに一筋の光明，もう1つの価値を見出すのです．そして，私たちが手にしている障害者権利条約，その17条には「個人をそのままの状態で保護すること」とあります．ありのままのその人を認めるということなのです．この社会に生きる人たちが互いにありのままを認めて出会い，ともに歩むことができたなら，新たな地平が見えてくるのではないでしょうか.

（増田一世）

43 未来をつくる

「本当は今のままの生活は嫌なんです……」．20年以上，着替えや入浴など身の回りのことなどは気に留めず，家族以外の誰ともかかわらず，日々を過ごしていた女性がつぶやいた一言です．

彼女と対面するまでには長い月日が必要でした．母親の相談から始まった訪問でしたが，本人とは会えず，母親と話して帰ってくる，そんなことを繰り返していました．彼女が社会とのかかわりを閉ざしていた間，どのような葛藤や思いを抱えていたのか……社会や人への不安，怖れ，不信，さまざまな感情が渦巻いていたはずです．彼女が隣の部屋にいる気配を感じるようになり，でも会うことを急いてはいけないと自分に言い聞かせていました．彼女の時間の流れ，気持ちの揺れを尊重し，彼女の未来が拓かれることを信じて慎重に待ちました．

やっと実現した出会いの時，彼女は母の隣でじっと座ったまま一言も発しませんでした．それでも会ってくれたことが大きな変化でした．しばらく経ってから，これまでの生活のことをポツリポツリと話すようになりました．

私が彼女を待つことができたのは，人生のどん底を経験しても前向きに生きる人たちとの出会いがあったからです．精神疾患を発症し，それまでのキャリアや大切な人たちとのかかわりを失い，自分の人生を終わりにしたいとまで思い詰めた人が，仲間を得，新たな

生き方を見出し，未来に向かって歩み出していくのです．社会から
切り離された精神科病院の中で「このまま老いていくのか」と人生
を諦めていた人が，「今は先が見えるから未来や夢を話せる」と語り
ます．また，病者としての自分を罪人のように思い生きてきた人が，
ありのままの自分でいられる居場所を見つけ，「精神病の経験はマ
イナスで無意味と思っていたことが，そこから得ることがあり，今
は生きているそのことが楽しい」と伝えてくれます．彼らの生きる
姿から，どんなに困難な状況にあっても人は生き直すことができる，
未来に向かって歩み出すことができると，信じることができます．

　「本当は今のままの生活は嫌なんです，働きたい……」と，気持
ちを吐露してくれた彼女の最初の一歩は，朝決まった時間に起きる
ことから始まりました．母の協力を得ながら生活習慣が整えられ，
心身の不調を整えるため専門機関にも行きました．出会いから数年
後，障害のある仲間の集う場に通い始め，その後仲間たちの働く事
業所で働き始めます．少しずつ働く時間を増やしていきました．時
折近況を知らせてくれるのですが，はにかみながら話す彼女の笑顔
が魅力的です．時々躓きながらも社会とのかかわりをもち始めた彼
女は，自らの意思で自分の人生を歩み始めています．

　人は，思いがけない事故，大事な人との別れ，経済的な困窮等々，
困難な状況に直面し，心身のバランスを崩すことがあります．困難
な状況が長く続くと，自分の願いや思いを我慢したり，忘れてしま
うことがあります．それでも彼女のように生きている実感を取り戻
した時，自らの人生の未来を拓く一歩を踏み出すことができるので
す．

　「それでも人生にイエスと言おう」

　ナチスの強制収容所の囚人たちが自由も尊厳も放棄させられた状
況下においても，自らの人生を肯定しようと作った歌のフレーズで
す．非人間的な扱いを受ける状況下でも，人間が本来もっているこ
ころの豊かさ，内面の偉大さは失われないことを伝えています．

（三石麻友美）

理念と哲学

記録のない実践は
実践にあらず

エピソード

　泥棒に入られると脅えドアの南京錠にいつもテープを巻いているＡさん．私はグループホームの担当者として，「通院してください」と押し問答をしていた．家族が駆けつけて来る．何事もなかったように「この前の土産おいしかったよ」と言いつつ，「寒いだろう」とコートとマフラーをＡさんにかける．するとＡさんは私の目をじっと見て「これよ，これが必要なのよ．人間としてケアしていくということはこういうことなのよ．ワーカーとして必要なのはこういうことなのよ」と言った．私はうろたえ言葉を失った．私はその場で必要な役割をとっていたつもりではあった．しかし一方的にどうにかしようという私の気持ちが二人の関係を悪化させていた．果たして暖房のない部屋で薄着でいたＡさんをねぎらおうとしただろうか．自分本位の問題解決を優先して，Ａさんそのものを見ていなかったのだ．

　きっと今ならば，帰宅するたびに南京錠のテープを擦り取るＡさんの指先を思い，冬は手が冷たいだろうな，早く湯沸かし器を安く手に入れる相談をしようと思うことができるだろう．

―12月某日　振り返りの記録より―

ヒント

　人間と関わり，こころを扱う活動を実践している人々の記録について考えたいと思います．情報共有や連携に際して記録は個人情報を守ることと情報開示の面から慎重な取り扱いが必要です．守秘義務を伴う職業倫理を十分に踏まえた上で，あえて記録を残し，他者

と情報を共有することがなぜ重要なのか．それは対人支援に関わる職員にとって，利用者との日常の関わりの記録を書くということが，自分自身に気づく重要なツールになるからです．

　人と人との関係やこころを扱うものですから数値にあらわすことはできません．その数値にあらわせないものをどのように他者と共有していくか，そこに記録の存在意義があります．施設運営上必要とされる支援者としての記録ではなく，職員という立場を離れて，ごく普段の関わりの記録を書くということはとても難しいことです．客観的事実のみならず，関わる人がどう感じたか，どういう思いをもって関わったか，相手はそれをどう受け止めたか，という相互関係を文字にあらわしていくことが必要です．

　さらにその記録を自分自身を振り返るツールとするためには，日々の記録をそのままにしておかずに，先輩職員などと記録をもとに話し合い，アドバイスを受けたりして，自分だけでなく他者と記録を共有することが重要です．そこでのやり取りは相手を理解することだけではなく，自分が気づかないうちに身につけてしまっている行動や見方，考え方を見直し，相手との関係性を見直すことに繋がります．こうして視野が拡がり，事柄をどう読み解いたらよいかというスキルが身につきます．記録をとることで「なぜ？」と考える仕組みを常に自分に用意できるようになると，自分にも他者にも関心が湧いてきます．こうした関心は自分と相手の関係にとどまらず，周囲にいる人々との関係性，その人々が住む地域や社会へと広がっていきます．

　記録を書くことは，書き手が自分自身を客観化する手段であるとともに，書かれた記録を他者と共有することによって，そこで得られたさまざまな気づきを未来の実践に生かしていく手段なのです．

（柳　義子）

45 ごくあたりまえの生活

50年前の精神科病院は，長期入院が常態化していました．病院という看板を掲げつつも，入院治療が必要なくなった人たちを長年月にわたって入院させている宿屋業でした．

病院の1日は起床から就寝までの日課があり，職員の指示に従う毎日で，自分で考える必要がありません．包丁の使用は危険，火の使用は火事でも起こしたらどうするのだ……とあたりまえの日常生活から隔絶され，管理される日々が続きます．人間が本来もっているはずの物事を決める力や生活能力を奪っていくのです．そして，制限された日々から，退院して自分の人生を取り戻そうとするとき，精神疾患によるつらさと生活への不安や緊張といった二重のつらさを背負います．そのため，退院後まもなく体調を崩して，地域生活を続けることが難しくなる人がいます．

退院した人たちが，1人で困難に向き合うのではなく，共に考え，いっしょに解決していく同行者が必要だと考え，やどかりの里が誕生しました．

ヒント

障害者権利条約19条には，他の者との平等を基礎として，誰とどこで暮らすかを選択すること，地域社会から孤立しないように支援を受けることは権利だと記されています．

やどかりの里は，1970年代から精神障害のある人には尊厳ある「ごくあたりまえの生活」を送る権利があると主張し，地域の中に

住居や働く場を用意することから活動が始まりました．退院した患者が事故・事件を起こしたら誰が責任を取るのかという医療側からの問題提起もありました．それに対し，退院した人たちは生活者であり，病気はその人の一部に過ぎないと主張したのです．そして，疾患や症状に着目して，その改善や治療をしようとする医学モデルから，その人のありのままを認め，環境を整えていく生活モデルへの転換を提起しました．

　経験不足による生活技術の乏しさであったり，人づき合いが苦手だったり，自信のなさから等身大の自分を受け止めづらいなど，精神障害のある人たちは，生活する上でのさまざまな困難があることに気づき，「生活のしづらさ」を抱えていると考えたのです．生活上の困難があったとしても，体験を共有できる仲間と出会い，風邪をひいたときに買い物を頼み，受け入れてもらえる経験が仲間の絆を築きました．互いに学び合い，安心できる場所を得ることで，それぞれが自分の人生を取り戻していったのです．「ごくあたりまえの生活」とは，その人らしい人生や生活を送るということであり，1人ひとりが大切にされる社会の実現という意味が込められています．

　生活や人生全体（生命活動）をとらえていけば，病気や障害があったとしても，それはその人の一部分に過ぎないことがわかります．その人のできないことではなく，得手の部分を見つけて，生活者であるその人の世界を尊重し，人生の夢や目的をいっしょに考えていくことが同行者の役割です．

　やどかりの里での日々の実践の中で，人が共に生きる「ごくあたりまえの生活」の叡智が導き出され，そこから学んだ私が今，ここに在るのです．

（荒田　稔）

46 自律と自立

「僕に関しては，じりつと言うのは，自分で律するのと，自分で立つのと2つがある．状態の悪い時はさ，……両方のじりつができない．一番根本的なのは，自覚ってことね．自覚から始まるのね．その次に，自分を律する，そのあとで，経済的にも，自分を律することもできる，自分で立つことができる」

この語りは，34年前に，私が聴かせていただいたものです．彼は若くして発病し，回復して社会生活を再開しました．再発のため再び社会生活を失いましたが，内省によって自覚し，自律と自立へ向かいました．この話を聴いて，私は日々の生活や人との出会いによる自覚への過程に自律と自立があると考えました．精神病を罹患した私の2人の兄たちは共に働く家業のために喧嘩を繰り返し，長兄は状態を崩していました．兄たちの共同関係を解消し，それぞれの自立生活への支援に私は努力しました．しかし長兄は長男として，次兄や母への心配，家業を意識し，この生活を選んでいたのです．

ヒント

障害者権利条約の前文に，自ら選択する自由も含んで「個人の自律及び自立が重要である」とあります．そして，19条ではどこで誰と暮らすのかを選択する権利，孤立しないように支援を受ける権利が書き込まれました．自立は，「他からの支配や助力を受けずにひとり立ちすること」と考えられてきました．私の場合，実家の立て直しのために病気ではない自分が意思決定を担うなど，私自身が支配的であるこ

とを自覚せずに，兄たちに「家族に依存しない自立」を求めたのです．

　私は，家族や専門家が自立をさせるという誤解をしていたのです．しかし，福祉の現場に入り，自己決定の尊重や「支援つき自立」「仲間の連帯の中での自立」を具体的に学びました．自律の重要性も学び，精神病発病により自己が揺らぎ，苦しみつつ自律／自立を模索していた兄たちの希望と努力，苦悩と悲しみを理解していったのです．兄たちを尊重して対話を繰り返して決定し，それぞれが実行しました．対話の過程で自己への気づき・自覚を促すような対話をうまくできなかったことを振り返り，何度も手紙を書きました．その手紙は，対話を継続してそれぞれの内省・自覚，思いの言語化の契機になりました．

　障害のある人の自律の多様性が理解され，思いを表現できない人への意思形成・表現・決定の協働実践に知恵と工夫が活用されてきています．そして，障害のある人の自立とは「依存先を増やすこと」と，考えられるようになりました．依存先が限定されると，支配が生まれます．精神病を罹患した人たちも再発を恐れる周りの人にコントロールされ，限られた社会資源の中での選択で自立を促される矛盾がありました．依存先を増やすことにより，セルフ・コントロールと環境の調整はしやすくなります．意図的に依存先を選ぶことも自律です．信頼できる人や仲間とのつながりを頼り，自分の人生の主人公として生きる自律／自立生活は，生きる力が湧いてきます．その人の望むあたりまえの生活の試みが，自律／自立生活をつくります．自律／自立生活は，具体的な環境・関係の中で対話しつつ見直す過程が大切です．

　「援助と自立」について彼は語りました．「じりつを助けるのに援助をするというのは思い上がり」であり，常識によってではなく，「自分のことを分かって欲しい」と．仲間との活動を専門家が提供したのは役立った，仲間の援助はギブ・アンド・テイクで精神衛生にいいと語りました．じりつには時間が必要であり，年単位で考えると語った彼に，感謝しています．私は，多様な自律／自立生活と複数の声を学べた現場にも感謝しています．

（藤井達也）

第5部　理念と哲学

111

47 主体化と組織化

　40年前に初めて仕事でタイに行った時，お世話になったタイ王立大学の公衆衛生学部長が性感染症予防の有名な調査をされていて，私にコンドームをくれました．大学院生だった私はちょっと戸惑いました．当時はまだエイズという疾患は世界的に知られていませんでした．その後タイではエイズの感染爆発（約100万人）が起きました．残念ながらタイのコンドーム使用率は低かったので，トップダウンで避妊具を配布するといった伝統的な公衆衛生政策では，エイズの感染爆発は避けられなかったのです．生死に関わるエイズ対策には深刻な取り組みが必要で，如何にしたら性行為感染を防ぐ「コンドームを100％つける」ことが可能か，という戦略を考えるようになっていきました．

　HIV（エイズウイルス）が発見されたのは1985年です．1980年代の対策は，個人のリスクを低減する保健・医療サービスが中心でした．個人の行動変容を目的とし，セックスワーカー，薬物注射使用者，男性同性愛者など，「ハイリスクグループ」に焦点を当てた情報提供や教育が行われていました．しかし，1990年代に入るとこれらの対策の限界が明らかになっていったのです．

　　ヒント

　1978年，WHOとユニセフは，「すべての人の健康を実現すること」を求めて，プライマリ・ヘルス・ケア（PHC）を提唱しました．PHCの4原則は，①保健・医療・福祉の活動は住民のニーズに沿

った活動であること（ニーズ指向性），②専門家主導ではなく，住民や当事者と専門職が対等に主体的に参加すること（主体的参加），③資金や物資，人材や情報も貴重な資源として有効に活用すること（資源の有効活用），④それぞれの活動が協調し合い，統合され，総合的・包括的に取り組むこと（協調と統合）です．

　PHCの視点でエイズ対策について考えてみましょう．エイズは特定な人の病気ではなく，誰でもが罹（かか）る可能性があります．求められるのは性行動や病気に対する発想の転換で，エイズに罹っても充実した人生が送れることです．1997年，タイではエイズとの共存を前提（当時は有効な治療薬もなかった）として，ハイリスクグループではなく，「ハイリスク行動」に焦点を当て，特定の人々を非難，隔離，差別せず，リスクの減少を促進する諸施策を実施するようになりました．エイズ対策に上意下達の方法は効果的ではなかったからです．性について恥ずかしがらず，事実を覆い隠さず，オープンに話し合う姿勢が必要で，まさに主体的な参加が求められたのです．

　WHOが進めた「スリー・バイ・ファイブ」（2005年までに300万人に抗ウイルス療法を）では，HIV感染者とエイズ患者自身がリーダーとしてエイズ対策の中心に置かれました（主体化）．そして，人権を基盤に保健医療システムを強化し，サービスの平等性や公的機関・民間団体・市民の革新的なパートナーシップが活動の原則（組織化）に挙げられました．主体化と組織化は，活動が形成されていくプロセスです．たとえば，エイズ対策では医療の専門家や製薬会社，政府と当事者の間に繰り返し対立がありました．その中で患者・感染者自身がリーダーとなり，地域レベルから国レベルへ，最後には国際的な運動にまで組織化され，活動が発展していったのです．当事者の主体的な参加は，世界のエイズ対策を変える大きな力となっていきました．

　主体化と組織化には長い経過が必要になります．それは坂道をらせん状に上っていくようなイメージで表されることもあり，周囲の社会環境の変化に合わせて，不断に変わり発展していくプロセスです．

（松田正己）

48 健康文化

　「残されたいのちがどのくらいあるのかわからないけれど，このグループホームで最期まで暮らしたい」．延命治療はしないと決めた末期がんの精神障害のある人の言葉です．「この先は高齢者施設か病院か」と職員間で話し合いました．「医療的ケアのできないグループホームで暮らすのは無理だ」「何かあった時に誰が責任をとるのか」「自分が宿直の時に何かあったらどうしよう」．そんな声がありました．反対の声が出れば出るほど，本人がどう生きるかは本人が決めること，それが叶えられるようにするのが私たち職員の役割だと強く思いました．そして，彼は静かに最期を迎えました．「生き切る」．そんな姿でした．

　いっしょに働いた仲間，いっしょに暮らした仲間が彼との最後のお別れに集まってきました．「病気をして，かわいそうと思っていた．でもこんなにたくさんの人たちに見送られて，よい人生だった」と涙を流した家族の姿が印象的でした．「どう生きるか」を教えてくれたお別れでした．

　WHO（世界保健機関）では，健康とは病気の有無ではなく，肉体的にも，精神的にも，そして社会的にもすべてが満たされた状態にあることだと定義しています．そして，新たに "Spiritual"（スピリチュアル）な健康の定義を加える検討がされました．スピリチュアルな健康とは，自分の人生に充実感や幸福感をもちながら生き

ることを意味しています．健康の尺度は，病気かどうかよりも，自身がどう生きるかを選択できているかなのです．

　日本は世界一長寿の国で，国は健康寿命の延伸を求めています．一方で高齢期になると年々幸福度が低下しているという調査結果もあります．高齢になればなるほど格差が広がっているということなのかもしれません．

　WHOで検討されてきたスピリチュアルな健康観が注目されています．また，国連が実施する世界幸福度調査で常に上位のデンマークには，人と人が関わる時間や空間を大切にする文化が根付いています．人と共有する時間や空間から生まれる心地よさを"HYGEE"（ヒュッゲ）と表現します．家族や友人との時間を大切にする，今を丁寧に生きるという姿勢で行動することが幸せにつながっていくという考え方です．ヒュッゲに世界中の関心が集まり始めているのは，多くの国が，多くの人が，生き方の価値転換を迫られているとも言えます．

　病気や障害を経験した多くの人には，マイナスからプラスへと生き方を回復していくリカバリーストーリーがあります．病気をしたから，障害があるから健康ではない，幸福ではないという考え方から，今の自分を受け入れ前向きに生きるという価値転換の中で健康文化が育っていくのです．

　平均寿命や健康寿命は数値で表すことができますが，幸福感や充実感は目に見えません．しかし，誰もが「幸福」を感じる社会は，少なくとも格差の少ない，不平等のない社会であり，人々に寛容な社会のはずです．１人ひとりが主観的な幸せを感じられる，誰もが「生きていてよかった」と実感できる社会，その社会を支えるのが健康文化です．

（大澤美紀）

49 人間の尊厳

　今から50年ほど前のことです．障害のある人が暮らす入所施設を訪問したことがありました．その時のショックは今でも忘れられません．建物は見栄えのするものでしたが，入所者たちの暮らしぶりに愕然としたのです．

　私の眼に飛び込んできたのは，コンクリートの上に敷かれた「すのこ」の上で食事をとり，介助され，一日のほとんどをそこで過ごしている障害ある人たちの姿でした．それは確かに雨露をしのぎ，食事や介護も含めた一通りの支援がなされているのですが，これが人間の生活なのかと強い違和感を覚え，心の中に嫌な思いが残りました．

　この世に生を受けた以上，人間としての最低限の権利は守られるべきです．決して贅沢でなくとも，その人にとって安心できる居心地のよい場所や，人として尊重される支援の形があるべきです．重い障害のあるここの入所者たちは，自分の権利をどう主張するのだろうかと考えさせられ，重たい気持ちで施設を後にしました．

　50年前，大宮市（現在はさいたま市）郊外で産声をあげたやどかりの里は，精神病院を暮らしの場にしてはならない，精神障害のある人に人間としての「当たり前の生活」を取り戻そうと，地域に生活の場を用意しました．やどかりの里の50年は，真に人間の尊厳や権利を勝ち取るための年月でした．そして，精神障害のある人が

116

主体者として地域で暮らし，生きる権利の確立を求めてきたのです．

　しかし，やどかりの里が活動を開始して50年たった今でも，精神科病院に長期入院している人たちがいます．退院したいと何度訴えても実現せず，「あきらめと我慢」を重ね，長年月が経ってしまったのです．また，障害ゆえに何度チャレンジしても仕事を得られず，経済的にも日々の暮らしも高齢になった家族が面倒見ざるを得ないことも珍しくありません．病気や障害を隠し続け，自宅でひっそりと暮らす人たちもいます．必要な支援を受けることは権利なのに，自らの権利を行使しにくい人たちがいるのも事実です．だからこそ日本国憲法や障害者権利条約で，人々の生きる権利や生きていることにかけがえのない価値があると定めているのです．

　誰のいのちも等しく大切なはずなのに，いのちを選別する思想は根強く社会に残されています．2016年7月26日，障害が重く，抵抗すらできなかった19人のいのちを一方的に奪った津久井やまゆり園事件は私たちを震撼させました．「障害者は不幸しか作れないから安楽死させたほうがよい」という主張は，犯人の特異な主張と言い切れず，現代社会にも根深く潜んでいるのではないでしょうか．

　精神障害のある人の生きる権利を求めてきたやどかりの里の活動理念は「1人1人が主人公」です．多様性を認め合い，尊重し，人権意識を高く持ち続けていこうというメッセージが込められています．そのためには学習を続け，自らの人権意識を磨き続け，人権侵害を個の問題にとどめず，社会化する，そうした営みが「人間の尊厳」を守り抜くことでもあるのです．

（土橋敏孝）

50 障害者権利条約

障害者権利条約
第8回特別委員会最終日
仮採択～歓喜の瞬間～

2006年8月25日 20:00

♪Whoo-hoo!!

Nothing about us, Without us!!

Yessssss!!

I did it!!!!!

Yes!!!!!

障害のある人が参画し、採択につなげたこの権利条約.
「私たち抜きに私たちのことを決めないで」
を合言葉に、自らのことを自らが考え、行動し、実現した.

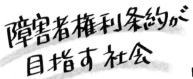

■配慮のない状態

車椅子だと中がまったく見えない. 中を見るための配慮がされていない.

■平等

同じ台を, 同じように使用しても, 中は見えない. "平等"のようでも平等ではない.

■公平

その人に合わせて, 必要な台が調整された. 1人ひとりへの合理的配慮によって, 車椅子でも中が見えるようになった.

■環境を整える

木の柵をフェンスに変えることで, "障壁"がなくなり, 今まで気づかなかったことにも目がいくようになる. 環境（社会）が整えられることで, 障害による障壁も小さくなる.

第5部

理念と哲学

（宗野　文）

119

あとがき

　原稿が集まりだした 2020 年 9 月 11 日，やどかりの里 50 周年記念出版編集室が立ち上げられました．以来，実に 41 回もの編集会議がもたれ，延べ約 82 時間にわたって原稿との格闘が続くことになります．

　執筆者は担当する「キーワード」の核心に迫ること，「エピソード」として切り取った現実場面や個人的体験から得られた気づきを，「ヒント」で普遍化して語ることを求められました．リアルと抽象の間を行ったり来たりしながら，執筆者と編集者の対話は，それぞれの人生丸ごとを賭した真剣勝負の様相を呈していったのです．

　しかも，一度で決着する原稿はほとんどなく，多くが 2 度，3 度，あるいは 6 度，7 度と加筆・修正をお願いすることとなりました．どのような言葉や論旨展開にしたらきちんと伝わるだろうかと議論を重ね，着地点を探し続ける……苦しい作業でした．しかし間違いなく，私たちにかけがえのない学びをもたらしてくれた豊かな時間でもありました．

　こうして，ようやく完成した 50 の物語です．

　執筆陣は精神障害があるメンバー 8 人，家族 8 人，外部協力者 8 人，やどかりの里職員・関係者 20 人で構成されています．さまざまなバックグラウンドをもった 44 人が，属性でグループ分けされることなく執筆しているのも，この本の特長です．

　表紙画（カンディンスキー「空の青」）には，多様でごちゃまぜな世界観の中で，「やどかり」がのびやかにメタモルフォーゼ（変容）していく様を重ね合わせました．

編集室の1人は「病気を発症して一番つらかったのは，どこに相談していいのかもわからず，先が見えないことへの不安をひとり悩み，途方に暮れていたことでした．その時，もし本書を手にしていたら，一歩だけ前に進もうとする勇気が出たかもしれない」と言います．

　私たちは，やどかりの里50年の精一杯を込めて，本書を世に送り出します．

　それが少しでも価値あるものかどうかは，読者の皆さまの評価をお待ちするしかありませんが，私たち1人ひとりが今日をなんとか生きていく力となり，今日は明日にも続いていくと信じられるささやかな希望となりますように，心から願ってやみません．

2021年11月13日
　　やどかりの里50周年記念出版編集室

石井みゆき，花野和彦，増田一世，渡邉昌浩

[執筆者一覧] (50音順)　　　　　　＊編集委員

明石誠一 (明石農園)　　　　　　玉手佳苗

浅見典子　　　　　　　　　　　堤　若菜

天笠明憲＊　　　　　　　　　　椿原亜矢子

新井照江＊　　　　　　　　　　土橋敏孝

荒田　稔 (社会福祉法人なごみの郷)　　永瀬恵美子

飯塚壽美 (もくせい家族会)　　　中塚　治

石神文子 (一般財団法人石神紀念医学研究所)　中村由佳＊

伊藤侑矢　　　　　　　　　　　沼田清剛＊

大澤美紀＊　　　　　　　　　　萩﨑千鶴＊

岡田久実子 (もくせい家族会)　　花野和彦＊

加藤康士＊　　　　　　　　　　東田全央 (青森県立保健大学)

金子　猛　　　　　　　　　　　藤井達也 (泉地域精神保健福祉研究所)

木村千夏＊　　　　　　　　　　藤田雅美 (国立国際医療研究センター)

坂巻正子　　　　　　　　　　　堀　澄清

佐藤晃一　　　　　　　　　　　増田一世＊

佐藤美樹子 (もくせい家族会)　　松川慶子＊

清水宏一　　　　　　　　　　　松田正己 (東都大学)

鈴木裕貴＊　　　　　　　　　　三石麻友美＊

須藤守夫　　　　　　　　　　　柳　義子

宗野　文＊　　　　　　　　　　結城俊哉 (立教大学)

宗野政美＊　　　　　　　　　　渡邉奏子＊

田中　学　　　　　　　　　　　渡邉昌浩＊

(所属表記のない執筆者は「公益社団法人やどかりの里」のメンバー, 家族, 理事, 職員)

「もう1つの価値」に出会う

50のエピソードで綴る50のヒント

2021年12月25日　発行

編　　集　やどかりの里50周年記念出版編集委員会

発 行 所　やどかり出版　代表　増田一世
　　　　　〒337-0026　さいたま市見沼区染谷1177-4
　　　　　Tel　048-680-1891　Fax　048-680-1894
　　　　　E-mail　book@yadokarinosato.org
　　　　　https://book.yadokarinosato.org/

印　　刷　やどかり印刷

ISBN978-4-904185-48-3

キリトリ
「もう1つの価値」に出会う
2021.12
「もう1つの価値」に出会う